VERLAG FÜR DEUTSCH

Leselandschaft

Handbuch für den Unterricht

Evelyn Farkas

Edit Morvai

Palma Pohl

Die Lehrbücher **Leselandschaft 1** und **Leselandschaft 2** bilden mit **Hörfelder** eine Lehrwerkseinheit. Den Kursleiter begleitet das **Handbuch für den Unterricht** durch das Lehrwerk und den modernen Mittelstufenunterricht.

Leselandschaft 1	Best.-Nr.	758-9
Leselandschaft 2	Best.-Nr.	759-7
Handbuch zu Band 1 und Band 2 mit Grammatik- verweisen	Best.-Nr.	749-X
Hörfelder Aufgabenbuch	Best.-Nr.	750-3
3 Audiokassetten	Best.-Nr.	751-1
4 CDs	Best.-Nr.	748-1

Dieses Werk folgt der Rechtschreibreform 1996. Ausnahmen bilden Texte, bei denen künstlerische, philologische oder lizenzrechtliche Gründe einer Änderung entgegenstehen.

5. 4. 3. 2. 1. | Die letzten Ziffern
2000 1999 98 97 | bezeichnen Jahr und Zahl des Druckes
Alle Drucke dieser Auflage können, da unverändert, nebeneinander benutzt werden.

1. Auflage
© 1997 VERLAG FÜR DEUTSCH
Max-Hueber-Str. 8, D-85737 Ismaning
Umschlagentwurf: Peer Koop
Layout: Christiane Gerstung
Druck und Bindearbeiten: Druckerei Auer, Donauwörth
Printed in Germany
ISBN 3-88532-749-X

Inhaltsverzeichnis

Kapitelübersichten und Hinweise zu den Aufgaben

Leselandschaft 1

Boxen

Kapitelübersichten und Hinweise zu den Aufgaben

Leselandschaft 2

Zwar nicht nach Paris, aber doch in die Fernen der Mittelstufe wollen wir gemeinsam mit Ihnen und Ihren Lernern aufbrechen. Machen wir uns auf den Weg in eine Landschaft ganz besonderer Art – in die Landschaft der Textsorten. Sehr verschiedene Texte werden Ausgangspunkt und auch Ziel unserer Wanderung sein. Manchmal verweilen wir an einem Ort länger, weil unser Interesse durch die Inhalte und sprachlichen Formen gefesselt ist. Bei anderen legen wir nur eine kürzere Pause ein, um vielleicht zu unseren eigenen Texten und Gesprächen zu eilen. Sicher wird es auch Texte geben, die wir am Wegrand links liegen lassen, weil sie uns im Moment gar nicht anziehen. Das kann, wie Sie es sicher von Reisen kennen, in einem anderen Jahr mit anderen Kursteilnehmern/innen ganz anders sein. Unterschiedliche Ziele einer Gruppe brauchen verschiedene „Wanderwege", auch wenn sie alle zum selben Gipfel führen – der eine möchte den Steilhang erklimmen, der andere wählt die Gondel.

Zunächst bitten wir Sie, uns Schritt für Schritt durch das erste Kapitel zu folgen. Sehen Sie in uns zunächst einen Reiseführer, der Ihnen die Orientierung in diesem Land erleichtern möchte. Im zweiten Kapitel versuchen wir, Ihnen dann auch theoretisch zu erläutern, warum wir welche Wege gegangen sind. Nach dem zweiten Kapitel benötigen Sie den Fremdenführer nur noch manchmal, an kritischen Weggabelungen.

Bauplan eines Kapitels

Folgende Komponenten finden Sie in einem Kapitel
- *Leseverstehen*
- *Wortschatz*
- *Redemittel*
- *Bildbeschreibung*
- *Schreiben*
- *Sprechen*

Leselandschaft ist ein Unterrichtswerk zur Weiterentwicklung von sprachlichen und kommunikativen Fähigkeiten fortgeschrittener Lerner. Das heißt, es enthält Aufgaben zu allen genannten Fertigkeiten.

- *Hörverstehen*

Das Hörverstehensprogramm zur systematischen Schulung des Hörverstehens für Fortgeschrittene (Mittelstufe) finden Sie in **Hörfelder** (Verlag für Deutsch, 1997). Welche dieser Hörtexte zu den Kapiteln der **Leselandschaft** passen, können Sie diesem Handbuch oder **Hörfelder** entnehmen – sehen Sie beim enstprechenden Kapitelkommentar nach.

◆ *Grammatik*

In allen Übungen und Aufgaben in **Leselandschaft 1 & 2** sowie in **Hörfelder** ist Grammatik enthalten. Immer können Sie in einem Text oder bei einer Aufgabe / Übung verweilen um ein grammatisches Phänomen zu beschreiben und über seine Intention / Anwendungsmöglichkeiten nachzudenken. In der **Box** *Grammatik in der Leselandschaft* sind bestimmte gehäuft auftretende Grammatikphänomene den einzelnen Lerneinheiten zugeordnet worden, die können an diesen Stellen gut behandelt werden. Das Lehrerhandbuch gibt aber auch Empfehlungen, was in Zusammenhang mit den Texten, Redemitteln usw. behandelt werden könnte: Diese Empfehlungen stehen sowohl in der Box als auch am Ende jedes Kapitels im Lehrerhandbuch und beziehen sich auf Dreyer / Schmidt: Lehr- und Übungsbuch der deutschen Grammatik – neu, Verlag für Deutsch [Best.-Nr. 717] und Hall / Scheiner: Übungsgrammatik für Fortgeschrittene, Verlag für Deutsch [Best.-Nr. 642].

Die Reihenfolge der Aufgaben

Grundsätzlich gilt: Leselandschaft ist ein progressionsorientiertes Lehrbuch. Das heißt, die einzelnen Kapitel bauen aufeinander auf. Das gilt auch für die Lernschritte innerhalb der einzelnen Kapitel. Was lässt sich dennoch verändern, was nicht? Um dies zu erleichtern, geben wir ihnen zu jedem Kapitel zwei Vorschläge, wie Sie den Kapitelablauf ändern können, wenn es im Hinblick auf die Lernergruppe sinnvoll erscheint.

Schwerpunkte und Auswahl

Setzen Sie Ihre Schwerpunkte: Sie können das Material im Buch durch aktuelle Texte/lernerbezogene (Fach-)Texte erweitern oder an bestimmten Punkten ersetzen, doch achten Sie dabei auf Beibehaltung der Textsorte und des Lernziels.

Bilder und Schreibaufgaben

Wenn Sie Bilder und Schreibaufgaben für das Ende des Kapitels aufbewahren, kann die Aufgabe in der Regel komplexer und als Wiederanwendungsaufgabe angegangen werden – der Themenwortschatz des Kapitels ist dann schon eingeführt, das Thema selbst ist in zahlreiche Facetten zerlegt worden. Auch hier empfehlen wir bei Änderungen die Änderungsvorschläge zu beachten.

Leselandschaft 1

1 Nach Paris?

Kapitelübersicht

Hinweise zu den Aufgaben

Im Folgenden finden Sie einen „Reiseführer" zu allen Aufgaben der ersten Lektion. Er vermittelt Ihnen exemplarisch mögliche Arbeitsweisen mit diesem Lehrwerk. (Auch die zweite Lektion wird etwas ausführlicher kommentiert – siehe dort.) Die Hinweise zu weiteren Lektionen beschränken sich auf zusätzliche Informationen und konkrete methodische Vorschläge.

Leseverstehen

1 *Schritt 1*

Bitten Sie Ihre TN sich eine Situation vorzustellen, die Sie den TN *erzählen*: Sie haben harte Arbeitstage hinter sich, draußen ist es grau, kühl und unfreundlich. Sie haben keine Kraft mehr, alles ist Ihnen zu viel. Sie werden plötzlich von einem Gefühl ergriffen, weg, weg, nur weg von hier ... Lassen Sie die TN dabei ein wenig träumen – von vergangenen oder künftigen Reisen, von möglichen und unmöglichen Verkehrsmitteln. Auf diese Weise erzeugen Sie das Leseinteresse für den folgenden Sachtext.

Schritt 2

Bitten Sie jetzt Ihre TN Aufgabe 1 zu lesen. Stellen Sie sicher, dass alle TN die Aufgabe 1 („Suchen Sie im Text ...") richtig verstanden haben. Die Aufgabe sollte in Einzelarbeit bearbeitet werden. (Die Aufgabe ist nicht – wie der Texttitel vielleicht suggerieren könnte – eine Reise nach Paris zu planen, sondern eine Wochenendreise überhaupt.)

Schritt 3

◆ Gemeinsame Auswertung an der Tafel / am OHP:
   Variante A: Amsterdam (Budapest ist nicht möglich, da die Zugverbindung nur Weihnachten und Ostern gilt);
   Variante B: Bratislava; *Variante C:* Paris, Meran, Wien.
oder
◆ Bilden Sie 2 oder 3 Arbeitsgruppen, die die Lösungen vergleichen. Jede Gruppe bestimmt einen Gruppensprecher, der die Ausgangssituation und den Lösungsvorschlag im Plenum allen TN kurz darstellt.

Schweifen Sie gegebenenfalls ab und animieren Sie die TN noch zu erzählen, was sie am Zielort machen würden, wie sie zu der ganzen Idee stehen, warum „Paris" eine Art Chiffre für das Reisen überhaupt ist oder auch nicht ist usw., bevor Sie auf das eigentliche Motiv für diese Aufgabe zu sprechen kommen – die Veranschaulichung von Lesestrategien, die nacheinander exemplarisch in dieser *Lektion 1* eingeführt und in Band **Leselandschaft 1** durchgängig reflektiert werden.

Lesestrategien

2 **Schritt 1**

Führen Sie ein kurzes Gespräch über die Lesegewohnheiten Ihrer TN (in homogenen Gruppen vielleicht sogar in der Muttersprache).

Stellen Sie die Frage: WAS lesen wir? Die TN antworten spontan. Teilen Sie die Tafel und schreiben Sie die Antworten an die linke Hälfte der Tafel. Den TN wird so verdeutlicht, dass Lesen nicht nur Bücherlesen oder Zeitungslesen bedeutet, sondern genauso das Lesen im Telefonbuch oder das eines Kochrezepts. Mögliche Antworten sind noch: Hinweise auf Medikamentenpackungen (Beipackzettel), Gedichte, Fachtexte, Gebrauchsanweisungen, Kinoprogramme, Liebesbriefe usw. Wichtig ist bei diesem Schritt, dass die aufgezählten Textsorten einen möglichst klaren und sichtbaren Unterschied an Art und Charakter aufweisen.

Führen Sie das Gespräch über Lesegewohnheiten weiter mit der Frage: WIE lesen wir diese Texte? Den TN wird dabei bewusst, dass wir sehr unterschiedlich lesen können. Skizzieren Sie nun an der rechten Hälfte der Tafel eine Tabelle mit drei Spalten:

total lesen	kursorisch lesen	selektiv lesen
		Telefonbuch

Nach kurzer Erklärung der drei Begriffe ordnen die TN die schon genannten Textsorten den einzelnen Lesestrategien zu. (Erfahrungsgemäß werden auch neue Textsorten genannt.)

Bei dieser Aufgabe muss es unter den TN zu Meinungsunterschieden kommen, wodurch klar werden sollte, dass **Textsorte** und **Leseinteresse** die **Lesestrategie** bestimmen: Wozu brauche ich in diesem Augenblick diesen Text? Und dass Lesestrategien nicht unabhängig und absolut getrennt voneinander existieren, sondern bei wechselndem Leseinteresse fließend ineinander übergehen: Ich lese einen Text „selektiv" auf eine bestimmte Information hin, an der gefundenen Textstelle lese ich „total".

Abschließend sollte auf die Analogie des Lesens in der Muttersprache und in der Fremdsprache hingewiesen werden.

Schritt 2
TN lösen die Aufgabe 2. Lösung: selektives Lesen.

Bildbeschreibung

3   *Info:* Das Photo wurde 1982 auf der Dachterrasse des Nebelhorn-Restaurants in den Allgäuer Alpen aufgenommen.

Die Bildbeschreibung ist Bestandteil der mündlichen ZMP. Nehmen Sie sich deshalb am Anfang des Kurses Zeit allen TN die Aufgabe und den Lösungsweg bei der Bewältigung dieses Prüfungsteils zu erläutern.

Jede Bildbeschreibung enthält eine „objektive" und eine „subjektive" Komponente. Im Kurs sollten stets beide versprachlicht werden, also weder bei trockener Beschreibung verweilen noch allzu schnell die Spekulation wuchern lassen.

Ein „Klettergerüst" kann bei der Vorbereitung hilfreich sein:
1. Titel geben (TN konzentrieren sich auf *einen* Aspekt des Bildes, der für sie am wichtigsten erscheint);
2. – Schlüsselwörter zur objektiven Bildbeschreibung werden notiert;
   – Vermutungen über die Situation auf dem Bild werden stichwortartig notiert;
3. Schlüsselwörter zur Problematisierung werden festgehalten.

Schritt 1
Kopieren Sie das Lehrbuchfoto auf eine Brennfolie und präsentieren Sie es. Geben Sie den TN ein wenig Zeit um sich einzustimmen. Jeder TN soll dem Foto schriftlich einen Titel geben.

Schritt 2
Alle TN nennen die Titel, die Sie an der Tafel notieren. Hier wird sofort klar, dass es sehr verschiedene Gedanken zu einem Bild gibt, die schließlich alle richtig sind.

Schritt 3
Sammeln und sichern Sie an der Tafel Redemittel zur Beschreibung eines Bildes. Viele Formulierungen werden auf dieser Lernstufe bereits produktiv beherrscht; seien Sie daher kritisch und präzise: Wie heißt das genau? Wie könnte man das noch formulieren? Geben Sie den TN unbedingt ausreichend Zeit zum Abschreiben. Mindestinventar (mit jeder Bildbeschreibung zu wiederholen):

Auf dem Bild ist ein ... zu sehen.
Ich sehe da ein ...
Im Vordergrund ist ein ...
Im Hintergrund ist ein ...
Am (Bild-)Rand ist ein ...
In der Bildmitte sehen wir ein ...

Bemerkenswert ist / sind ...
Auffallend ist / sind ...
Was mir auffällt, ist / sind ...

Das sieht aus wie ein …
Es scheint, dass …
Das scheint ein … zu sein.
Das ist wahrscheinlich / vermutlich / offenbar ein …

Anschließend folgt eine kurze Bildbeschreibung im Plenum. Weisen Sie hier noch einmal ausdrücklich auf die W-Fragen hin – und den Vorteil, den man davon hat: Gliederung der objektiven Bildbeschreibung. Bitten Sie den Kurs gemeinsam darauf zu achten, dass bei der Bildbeschreibung die Redemittel korrekt eingesetzt werden.

Schritt 4
Zeigen Sie Ihren TN den Weg in die Problematisierung des Bildes, indem Sie sie bitten sich zu den folgenden Aspekten Notizen zu machen:
– Assoziationen,
– Gedanken,
– Probleme,
– Reflexionen,
– eventuell Vergleiche mit ähnlichen Situationen im eigenen Land / der eigenen Erfahrung.
Anschließend werden die Gedanken zum Bild – nach den obigen Aspekten – in Partnerarbeit ausgetauscht.

Schritt 5
Schriftliche Hausaufgabe: Komplexe Bildbeschreibung zum eigenen Titel. Auswertung: Sammeln Sie die Arbeiten ein und beachten Sie bei der Korrektur das Ziel der Aufgabe: Spontane thematische Zuordnung → objektive Beschreibung → subjektive Aspekte → Problematisierung bei korrekter Anwendung der Redemittel. (In einem Kurs zur Prüfungsvorbereitung korrigieren Sie im Hinblick auf die konkreten Prüfungsanforderungen der neuen ZMP.)

Schritt 6
Mögliche weiterführende Aufgabe: „Hausaufgabe" für die nächste Unterrichtsstunde: TN bringen ein ähnliches Foto (Urlaubsfoto o. ä.) mit. In der Stunde Partnerarbeit: TNa und TNb tauschen ihre Fotos aus, bereiten sich wie oben beschrieben vor. Anschließend gegenseitige Bildbeschreibung. Diese Aufgabe ist eine Übung der eben gelernten Bildbeschreibung bzw. Bildbesprechung, die wegen des „persönlichen Bezugs" zu den Bildern sehr motivierend wirken kann: „Was wird mein Lernpartner / meine Lernpartnerin wohl zu *meinem* Bild erzählen?" Der Lernpartner / die Lernpartnerin hat die Möglichkeit, auf die Bildbesprechung zu reagieren. Die Teilnehmer lernen hierbei, dass die Struktur und die sprachliche Einbettung sowie interkulturelle Kenntnisse die Qualität einer Bildbesprechung bestimmen: Der Lernpartner sieht das Bild ja auch „richtig", wenn auch ganz anders.

Schritt 7

Anschließend kann im Plenum besprochen werden, wer etwas Schönes, Interessantes, Überraschendes oder Verblüffendes über sein eigenes Foto gehört hat.

Mögliche Varianten zu den verschiedenen Schritten bei einer Bildbeschreibung:
- Fünf Stichworte notieren, mit denen man das Bild dem Titel entsprechend interpretieren kann.
- Alle Teilnehmer notieren drei Stichwörter zu dem gezeigten Bild, dann folgt die Bildbeschreibung als Kettenübung.
- Bildtitel vorgeben, Stichwörter als Interpretationshilfen dazugeben, geeignet in Gruppen, für die die „beschriebene" Vorgehensweise noch zu stark von den bisherigen Lerngewohnheiten abweicht.
- Verschiedene Bildtitel werden vorgegeben, die Lernergruppe einigt sich / jeweils zwei Partner einigen sich auf den passenden Titel. – Sie bearbeiten die Aufgabe in Einzelarbeit und tauschen dann die Ergebnisse aus. Eignet sich besonders zur Förderung von Gruppen, die ein „Mir fällt sowieso nichts ein" signalisieren.
- Partner beschreiben zwei verschiedene Fotos. TN müssen dem Partner aktiv zuhören.
- Partner beschreiben Teile von Fotos, die später zusammengesetzt werden. Jeder TN kennt zunächst nur einen Bildausschnitt: Wie stark weicht die Bildbesprechung der Bildteile von der des ganzen Bildes ab? Geeignet für Gruppen, die schnell und souverän mit den Redemitteln umgehen können.

Beachten Sie: In Gruppen mit stark abweichenden Vorkenntnissen können Sie in der ersten Phase die Aufgabenstellungen differenzieren. – Die Hintergrundinformationen sind <u>nicht</u> notwendigerweise in die Bildbeschreibung einzubeziehen.

Schreiben

4–5 Merkmale des persönlichen Briefes werden genau eingeführt oder reaktiviert.

Schritt 1

Unterrichtsgespräch: Es besteht ein innerer Zusammenhang zwischen der Ausgangssituation in Aufgabe 1, der Stimmung des Bildes und dieser Aufgabe. Daher wird es nicht schwer sein, die TN für das Thema „Fernweh" zu sensibilisieren: Was bedeuten die Begriffe Fernweh und Heimweh? Wann und wie wurden diese Gefühle in der Gruppe schon erlebt?

„Heimweh nach der Fremde" ist eine Formulierung von Max Frisch

Schritt 2

In „Leselandschaft" werden alle Schreibaufgaben in drei Phasen gegliedert: ***Planen – Formulieren – Überarbeiten. Planen*** der Schreibaufgabe wie im Buch (mehr über Schreibtraining finden Sie bei der Aufgabe 24 dieses Kapitels und in der **Box** *Schreiben*.)
Die ersten zwei Phasen – ***Planen, Formulieren*** – sind in Einzelarbeit als Hausaufgabe geeignet.
Formulieren hier als Hausaufgabe (Einzelarbeit).

Schritt 3

In der Folgestunde wird dann die 3. Phase – das ***Überarbeiten*** – wie im Buch beschrieben ausgeführt: Geben Sie den TN ausreichend Zeit die Briefe der Lernpartner ruhig zu lesen und ihre Gedanken über deren Inhalt auszutauschen. Dadurch werden die Texte für die endgültige Fassung vorbereitet.

Schritt 4

Die endgültige Fassung des Briefes sollte als Hausaufgabe erstellt werden. Sammeln Sie die Briefe in der Folgestunde zur Korrektur ein. Beachten Sie bei der Korrektur die Textsorte „Privatbrief".

Nach der Korrektur können Sie aus Sätzen oder Passagen, in denen besonders viele für die Gruppe typische Fehler vorkommen, einen neuen, fehlerhaften Brief montieren. Wählen Sie grammatische Fehler sowie Ausdrucks- und Registerfehler aus. Die TN bekommen dann in der nächsten Unterrichtsstunde einzeln oder paarweise diesen Montage-Brief zur Fehlerfahndung und Korrektur. Schreiben Sie den korrekten Brief auf eine OHP-Folie und besprechen Sie die Fehler im Plenum.

Redemittel

6–10   Die Übungen zu den Redemitteln *Vorschläge und Reaktionen* schließen sich thematisch an unser Thema „Reise" an. Im Unterschied zur Grundstufe spielt die immer sicherere Beherrschung von Redemitteln eine große Rolle in der Mittelstufe. Redemittel ermöglichen es dem Lerner, in der Fremdsprache nicht nur einfache Ziele (Wunsch usw.) zu versprachlichen, sondern auch immer differenzierter seine Meinung zu bestimmten Problemen zu äußern. Die Beherrschung von Redemitteln gibt dem Lerner Sicherheit und schafft so Freiräume für das Inhaltliche. Sie finden in allen Kapiteln der „Leselandschaft" Übungen zu Redemitteln, die Sie nicht nur an der hier angebotenen Stelle benutzen, sondern je nach Bedarf, eventuell thematisch angepasst, in den Unterricht einfügen werden. Weiteres zum Thema finden Sie in den Boxen zum Thema Sprechen und Wortschatz.

Schritt 1

Aktivierung und Systematisierung von bekannten Redemitteln für
Vorschläge und Reaktionen darauf.

Fragen Sie Ihre TN bei geschlossenen Büchern, wie bei ihnen in
der Familie, unter Freunden eine Reiseplanung aussieht. Dabei dürfte
klar werden, dass es in dieser Situation um Vorschläge und die Reaktionen darauf geht. Isolieren Sie beim Zuhören einige der Redemittel
und halten Sie sie an der Tafel / auf Folie fest. Brechen Sie diese
Phase ab, wenn Sie einige Redemittel haben oder bemerken, dass
das Interesse erlahmt.

Schritt 2

Erstellen Sie das folgende Tafelbild:

einwilligen / zustimmen	einen Gegen- vorschlag machen	vorschlagen / einen Vorschlag machen	zögern	ablehnen

Schritt 3

Die TN tragen nun die Redemittel an der Tafel in die entsprechenden
Rubriken ein.

Anschließend öffnen die TN das Buch, und Reaktion und Gegen-
reaktion werden an der Grafik nochmals erläutert.

Schritt 4

Erweiterung und Systematisierung der Redemittel wie im Buch (7) in
Partnerarbeit. Auswertung mit Hilfe des Lösungsschlüssels.

Schritt 5

Ergänzung der Tabelle an der Tafel mit den neuen Redemitteln.
Lassen Sie den TN Zeit ihre Notizen aufgrund des fertigen, vollstän-
digen Tafelbildes zu ergänzen.

Übungen zu den Redemitteln (9–10)

Schritt 1

a)   Mit der ganzen Lerngruppe:
Schreiben Sie die Items aus Aufgabe 10 auf einzelne Zettel und
verteilen Sie diese. Setzen Sie sich mit den TN in einen Halbkreis, so dass die TN die Redemittel an der Tafel / auf der OHP-
Projektion lesen können. Nehmen Sie einen kleinen Ball oder
einen Reissack.

1. Durchgang
1. *Vorschlagen:* Derjenige, dem Sie den Ball zuwerfen, macht einen Vorschlag in der für ihn zugeteilten Situation. („Ich hätte einen Vorschlag: Nehmen wir an einer Abenteuerreise in der Wüste teil!")
2. *Zögern:* Der TN rechts von ihm reagiert zögernd. („Also ich weiß nicht, ich finde das etwas gefährlich.")
3. *Ablehnung:* Der zweite TN rechts von ihm lehnt ab.
4. *Gegenvorschlag:* Der TN links von ihm macht einen Gegenvorschlag.
5. *Zustimmung:* Der zweite TN rechts von ihm stimmt zu. Jede Äußerung muss eine Redemittel-Struktur enthalten.

2. Durchgang
6. Der Vorschlagende gibt den Ball an einen beliebigen TN weiter.

♦   Als Lehrer erklären Sie die Spielregel an der Tafel, zum Beispiel so:

5	4	1	2	3
zustimmen	Gegen-vorschlag machen	vorschlagen	zögern	ablehnen

♦   Achten Sie auf sprachliche Korrektheit bei den Redemitteln.
♦   Lassen Sie Hilfsmittel wie Tafelanschrieb oder OHP-Projektion mit den Redemitteln zu. (Gegebenenfalls öffnen die TN das Buch oder das Wörterheft.)
♦   Nach einigen Durchgängen wendet sich der Halbkreis von dem Tafelbild / der Projektion ab, die Übung wird ohne Hilfsmittel fortgeführt. (Schließen der Bücher / Wörterhefte.)
♦   Sie geben *einen* stummen Impuls, aber *fünf* TN werden damit angesprochen.

Durch diese Übungsform werden zwei Schwierigkeiten vermieden: Wenn sich die Kursteilnehmer durch die Situation oder das Diskussionsthema richtig angesprochen fühlen, was eigentlich wünschenswert und sprechfördernd ist, ist der Drang sich zu äußern so stark, dass sie die zu übenden sprachlichen Mittel oft außer Acht lassen. Dies wird hier vermieden. Darüber hinaus werden hier auch weniger sprechaktive Teilnehmer einbezogen.

b)   In Kleingruppen à 5 TN (nach einer Übungssequenz von Zsuzsa Marlok):
Erforderlich sind 5 Karten (*vorschlagen, zustimmen, Gegenvorschlag machen, ablehnen, zögern*) und 10 oder mehr Vorschläge, die einzeln notiert wie bei einem Kartenspiel verdeckt

auf einem Stapel liegen. Jeder TN sollte seinen Redemittelkatalog (aus der Hausaufgabe) vor sich liegen haben. Nun deckt ein Gruppenmitglied einen Vorschlag auf, auf den alle Mitspieler gemäß ihrer Karte reagieren. Die Anwendung von Strukturen aus dem Redemittelkatalog ist obligatorisch. Es geht reihum weiter. Hat man nichts mehr zu sagen, werden die Karten weitergegeben und die Rollen gewechselt. Das Kunststück besteht darin, nicht einfach Strukturen vorzulesen, sondern Gespräche in Gang zu bringen.

Schritt 2

Aufgabe 9. Die TN bereiten in Partnerarbeit Minidialoge / Miniszenen zu den „Vorschlägen" vor. Zu den Spielregeln gehört auch hier, dass in jeder Äußerung Redemittel verwendet werden müssen. Einige der Szenen werden dann vorgetragen.

Leseverstehen

11–14 Dieses erste Kapitel hat eigentlich zwei Themen, einmal das Thema Reisen im weitesten Sinne, zum anderen hat es aber auch ein Thema, das in die Kategorie „Lernen lernen" gehört. Die TN beschäftigen sich intensiv mit dem Lesen, Lesestrategien werden bewusst gemacht und geübt – damit wird der Lernprozess selbst zum Thema des Unterrichts. Hier haben Sie die Möglichkeit, die sicher unterschiedlichen Vorkenntnisse der TN auf einen Stand zu bringen, gleichzeitig wird Ihre weitere Arbeit für die TN transparent. Bei der Vorbereitung auf solche Fragen können Ihnen die **Boxen** *Lesestrategien und Leseverstehen* behilflich sein.

Schritt 1

In einem Gespräch wird noch einmal das über das totale Lesen Gesagte aktiviert und anhand ausgewählter Beispiele noch einmal durchdacht.

Schritt 2

Das Anwendungsbeispiel im Lehrbuch ist ein Hinweis auf einem Flugticket (quasi ein Vertrag), dessen Inhalt der Reisende aus eigenem Interesse Wort für Wort kennen muss. Die TN lösen die Aufgabe 12 in Einzelarbeit. Selbstkontrolle mit Hilfe des Lösungsschlüssels, Probleme werden im Plenum besprochen.

Schritt 3

Aufgabe 13 ist ein Lückentext zur Festigung des Themenwortschatzes von Reiseverträgen, gleichzeitig eine Vorbereitung der Aufgabe 14.

Schritt 4

Anwendung des Wortschatzes in Aufgabe 14. Mündliche Variante:
Die TN planen zu zweit die kleine Szene, einige können dann dem
Plenum vorgespielt werden.

Schriftliche Variante nach der Vorlage im Buch. Ausführung als
Hausaufgabe.

Schritt 5

Wenn Sie den Wortschatz in einer Folgestunde wiederholen wollen:
Schreiben Sie einen Schüttelkasten an die Tafel (siehe Beispiel) und
bitten Sie um mündliche / schriftliche Kombination passender Verb-
Substantiv-Paare zu einer Aussage über „Reisebedingungen". Geben
Sie zuvor stets ein schriftliches Beispiel. Sie können die zu wieder-
holenden Wörter auch nur teilweise oder als Zuordnungsaufgabe an
die Tafel schreiben um das Erinnerungsvermögen Ihrer TN heraus-
zufordern.

Einschränkung	Bedingung	Preise
	Buchung	Kosten
ändern	vornehmen	hinweisen auf
	gelten für	
einhalten	entstehen bei	erstatten

Wortschatz

15 Viele TN erweitern mit Vergnügen ihren produktiven Wortschatz,
leider oft ohne an Techniken zu denken, die ihnen dieses Vergnügen
vergrößern könnten. „Lernen lernen" heißt auch Techniken beherr-
schen, die das Lernen erleichtern.

Falls Sie im Kurs das Thema „Wörter lernen" besprechen
möchten, finden Sie in der Box „Wortschatz" entsprechende Hinweise.

a) Partnerarbeit, wie im Buch.
Hinweis: Die Bildungsregeln für das Fugen-s sind einigermaßen
kompliziert, sie werden daher an dieser Stelle nicht genannt.
Entscheidend ist hier, dass unsere TN für dieses Phänomen
sensibilisiert werden.

b) Ebenfalls wie im Buch: Die TN arbeiten gegebenenfalls mit
einem Wörterbuch.

c) Notieren Sie die weiteren Ideen der TN an der Tafel, versehen
mit Artikel und Pluralform. Die TN brauchen ausreichend Zeit,
ihren Lernwortschatz in ihr Wörterheft zu schreiben. Es ist gut,

wenn sich die Gruppe auf einen gemeinsamen Grundlernwort-schatz einigt, um die Übungsphasen besser organisieren zu können.

d) *Variante 1:* Als „Kettenspiel".
Variante 2: Dem Spiel kann ein wettbewerbartiger Charakter gegeben werden: Die Lerngruppe wird geteilt und das Ratespiel als „Pingpong" gespielt. Mal beschreibt die eine Gruppe einen Wortinhalt und die andere Gruppe versucht, das Wort zu erraten, mal umgekehrt. Wenn sie das Wort erraten haben, bekommen sie einen Punkt und die erste Gruppe stellt eine neue Frage. Weiß die andere Gruppe die Antwort nicht, muss sie ein Wort beschreiben und die erste Gruppe darf raten usw.

Redemittel

16–17 Ein Schaubild zu versprachlichen ist Wahl-Prüfungsteil der schrift-lichen ZMP. In der Leselandschaft wird dieser Test-Teil durch die Redemittel-Kataloge vorbereitet, u.a. durch das „Vergleichen" (in dieser Lektion), „Entwicklungen" in Lektion 2 u.a.m.

Schritt 1
Lassen Sie den TN Zeit die Aufgabe16 in Einzelarbeit zu lösen. Selbstkontrolle mit Hilfe des Lösungsschlüssels, nur Problemfälle werden im Plenum besprochen.

Schritt 2
Anwendung der Redemittel in Aufgabe 17.
Mögliche Arbeitsformen:
- Kurzes Kursgespräch: *Vorteil:* Spontane Gedanken werden einander entgegengesetzt.
Nachteil: Schüchterne und / oder leistungsschwächere Schüler kommen nur schwer zu Wort.
- Gruppenarbeit: Zusammentragen einiger wichtiger Aspekte, anschließend Bericht im Plenum.
- Kette: Jeder TN notiert sich eine Aussage zum Thema, die Sätze werden vorgelesen. Grundregel: *Alle* Aussagen sollten Rede-mittel-Strukturen enthalten.

Lesen

18–23 Lerner in der Mittelstufe stellen mehr und mehr den Anspruch an sich selbst, auch längere Texte in der Fremdsprache zu bewältigen. Misserfolge stellen sich oft dann ein, wenn z. B. versucht wird den Leitartikel einer Zeitschrift (zum Beispiel `Spiegel`) total zu lesen. Das Wissen über Lesestrategien und der Umgang mit ihnen ist ein Hilfsmittel. Neben diesen Strategien stehen uns aber auch andere Techniken zur Verfügung um einen Text zu entschlüsseln. Die folgende amüsante Geschichte weiht die TN in die Anwendung der Hypothesenbildung ein. Bei Interesse können Sie weitere Tipps in der **Box** *Lesetechniken* finden.

Schritt 1
Erinnern Sie Ihre Schüler daran, was über kursorisches Lesen beim Thema „Lesestrategien" bereits besprochen wurde.

Schritt 2
Kopieren Sie den Kasten mit der Überschrift und der Elch-Abbildung auf Folie und lassen Sie die TN die Aufgabe 19 in einem Wechsel von Unterrichtsgespräch und Einzelarbeit lösen.

Schritt 3
Setzen Sie eine kleine Reflexionsphase ein, indem Sie mit den TN gemeinsam Entschlüsselungshilfen zusammentragen und an die Tafel schreiben. Diese können u. a. sein:
– Form und Gliederung des Textes,
– Bilder, Abbildungen (z. B. der Elch),
– Internationalismen (z. B. „Phantom"),
– „Weltwissen" (z. B. das Wissen über gefährdete Tierarten, über Tourismus-Industrie usw.),
– die Fähigkeit, von Bekanntem auf Unbekanntes zu schließen,
– Hypothesen.
Hypothesen helfen beim Nachdenken über das Gelesene, sie helfen weiter zu denken, sensibilisieren den Leser für den Inhalt des Textes, steigern das Interesse, sie sind also ein motivierender Faktor beim Lesen. Ermutigen Sie Ihre TN, Hypothesen zu finden, fordern Sie ausführliche Begründungen, organisieren Sie eine Auseinandersetzung über die Plausibilität einer Hypothese innerhalb der Gruppe.

Schritt 4
Aufgabe 20: Das Abdecken von Textteilen ist für diese Übungsabfolge Voraussetzung. Besprechen Sie das Abdecken der Textteile zuvor mit Ihren TN. Erläutern Sie Ihnen den Sinn dieser Übung.

Wenn möglich, wird der Text abschnittweise kopiert und abschnittweise verteilt. Die Aufgabenstellungen werden auf Folie präsentiert, die Hypothesen auf die Folie geschrieben.

Hinweis: In diesem Zusammenhang sollte noch ein ganz wichtiger Aspekt mit den Lernern besprochen werden: Die TN sollen nicht vorarbeiten. Es bringt ihnen keinen Vorteil gegenüber dem Kursleiter und manchmal große Nachteile im Lernprozess.

Hinweis: Es ist bei den Aufgaben zur Hypothesenbildung ganz besonders wichtig, dass den TN klar wird, es geht hier nicht um die richtige Lösung, sondern um das Nachdenken überhaupt, so gesehen sind praktisch alle Hypothesen richtig.

Der Unterrichtsverlauf ist in diesem Unterrichtsabschnitt ein ständiger Wechsel zwischen *Thesenformulierung* → *Lesen* → *Vergleich zwischen Leseergebnis und Hypothese* → *Formulieren neuer Hypothesen* usw.

Schritt 5 (gegebenenfalls als Hausaufgabe)
Die TN lesen den ganzen Text noch einmal und lösen dann Aufgabe 21.

Die Auswertung erfolgt in der Folgestunde an der Tafel; nicht wenige TN haben Schwierigkeiten zwischen Haupt- und Nebeninformationen zu unterscheiden. Hier ist eine Gelegenheit, dies einmal gemeinsam auszudiskutieren. Allgemein gilt: Wenn Sie mit der ganzen Gruppe an der Tafel Notizen gemacht haben, ist die Verschriftlichung als Folgeaufgabe (wie in 23) später besser zu korrigieren.

Schritt 6
Aufgabe 22: Plenumsgespräch – Gedanken, Meinungen und Reflexionen zum Text. Bieten Sie nun folgende Aufgaben zur schriftlichen oder mündlichen Verarbeitung an. Alle diese Aufgaben können auch in Kleingruppen bearbeitet werden. Schreiben Sie die Aufgaben auf eine Folie, die TN sollen sich für eine Aufgabe entscheiden:
– Interview mit dem Autor und / oder mit dem värmländischen Tourismus-Manager
– Rundtischgespräch mit den beiden im Rundfunk oder im Fernsehen
– Leserbrief des värmländischen Tourismus-Managers an die Redaktion der Zeitung
– Leserbrief über ähnliche Erlebnisse
(Mögliche – mündliche und / oder schriftliche – weiterführende Aufgaben sollten oft wählbar sein um den verschiedenen Interessen von TN entgegenzukommen. Die Aufgabenwahl selbst ist auch erwünschter Teil des Prozesses – authentische Kommunikation im Klassenraum.)

Geben Sie Ihren TN ausreichend Zeit, sich auf die Aufgaben vorzubereiten. Bitten Sie sie, sich auch bei den mündlichen Aufgaben Notizen zu machen. Präsentation der mündlichen Aufgaben vor dem Plenum. Präsentation der schriftlichen Aufgaben: TN schreiben die Leserbriefe auf ein großes Blatt Papier und hängen es auf.

Schritt 7
Aufgabe 23 als Hausaufgabe (Textzusammenfassung und Reflexion). Auswertung: Arbeiten einsammeln und Lehrerkorrektur. In der **Box** *Umgang mit Fehlern* finden Sie Anregungen und Hinweise, wie man mit Fehlern am besten umgehen kann und wie Lernertexte überarbeitet werden können.

Schreiben

24 Das Schreiben in der Fremdsprache sollte als langsamer und ein vom Lehrer und von anderen TN begleiteter Prozess geplant werden. Uns sollte bewusst sein, dass Schreibaufgaben, die nur ein Thema formulieren und sich nicht um den Weg vom Thema zum Lernertext kümmern, immer nur den aktuellen Sprachstand kontrollieren, ohne eine Progression der Schreibfertigkeit einzuschließen. Natürlich kann das manchmal das Ziel unseres Unterrichts sein, meistens aber kommen TN in einen Kurs um sich zu entwickeln. Daher sollte das Schreiben nicht immer nach Hause delegiert werden, sondern bestimmte Phasen der Texterstellung ihren Platz im Unterricht haben. Sehen Sie dazu auch die **Box** *Schreiben*.

Wir erarbeiten nun die letzte Aufgabe – eine Schreibaufgabe – dieses Kapitels.

Schritt 1
PLANEN Schreiben Sie in die Mitte der Tafel das Wort „Blau“. Die TN sammeln ihre Ideen und Assoziationen in ihren Heften; lassen Sie ihren TN genügend Zeit. Dem subjektiven Charakter der Aufgabe entspricht zunächst Einzelarbeit, sie verlangt eine angenehme, lockere Atmosphäre, gegebenenfalls mit Hintergrundmusik.

Bitten Sie Ihre TN anschließend einige Schlüsselwörter an die Tafel zu schreiben.

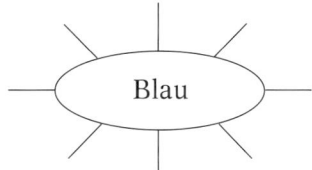

Schritt 2

b)   Nehmen Sie die Strukturierung an der Tafel gemeinsam vor
     um allen das Wesen dieses Arbeitsschrittes vor Augen zu führen.

Schritt 3

Die TN strukturieren anschließend ihre Wortsammlungen.

Schritt 4

c)   Wie im Buch. Nach dem Zusammentragen der Ideen können
     nun die Bücher geöffnet werden. Ergänzungen aus dem Buch
     können in die Ideensammlung aufgenommen werden.

Schritt 5

d)   FORMULIEREN Mündlich im Unterrichtsgespräch (Ketten-
     übung), in leistungsstarken Gruppen eventuell auch schon als
     Hausaufgabe.

In manchen Gruppen könnten Sie hier auch noch einmal an der
Tafel zeigen, wie man vom Wort zum Satz und dann zum Text
kommt. Als Arbeitsmittel verwenden wir dabei neben einem Arbeitsblatt auch noch einmal eine Liste der Konnektoren. Das Vorgehen:

- Nach der Ideensammlung an der Tafel soll jeder mit 5 von ihm
  ausgewählten Begriffen je einen einfachen Satz notieren
  (s. Raster unten).
- Die Satzsammlungen, die sich fast alle sehr ähneln, werden
  vorgelesen.
- Die TN schreiben neben die Sätze jeweils eine Ergänzung auf
  das Arbeitsblatt.
- Die TN verbinden durch Konnektoren ihre einfachen Sätze
  mit den Ergänzungen.
- Die nun entstandenen Minitexte werden vorgelesen.

Besonders TN, die beim Verfassen von Texten unsicher sind,
empfinden diesen Schritt als hilfreich.

Blau

5 einfache Sätze	Ergänzungen

Schritt 6

e) SCHREIBEN als Hausaufgabe.

Schritt 7

f) ÜBERARBEITEN In der Folgestunde werden die Texte mit einem Partner überarbeitet. Die wichtige Funktion dieser Arbeitsphase liegt nicht in der Kontrolle im herkömmlichen Sinn, denn die kann nur durch die Lehrperson erfolgen.

Vielmehr geht es um die Sensibilisierung für inhaltliche Klarheit beim Verfassen von Texten: Hat mein Lernpartner verstanden, was ich sagen wollte? Eventuell unklare Stellen werden von den Lernpartnern besprochen: *Verstehen / Nichtverstehen → Anliegen Formulieren / Konfliktsituation meistern → Lösung erarbeiten.*

Unsere Wanderung durch das erste Kapitel der Leselandschaft ist damit beendet. Hoffentlich haben wir als Reisebegleiter die Informationen richtig dosiert. – Sollten Sie Teile unserer Route schon gekannt haben, bitten wir um Nachsicht – Gruppenreisen sind schwer zu organisieren.

Hörfelder: Hörtext 1; Hörtext 2
Lehr- und Übungsbuch der deutschen Grammatik, neu:
§ 53 I; III Der Konjunktiv II
Übungsgrammatik DaF für Fortgeschrittene: § 6 I 1; II (1), (10), (11), (13) Konjunktiv II

2 Lesende

Exkurs in eigener Sache
Sie können hier weiterlesen oder auf Seite 30 fortfahren.
In der Mittelstufe arbeiten wir mit Lernern, die schon einen langen
Weg des Fremdsprachenerwerbs hinter sich haben und bereits über
bestimmte, meist auf sehr unterschiedlichem Niveau stehende
Kompetenzen verfügen. Daher verfolgt der Unterricht in der Mittel-
stufe das allgemeine Lernziel, die in der Grundstufe erworbene
kommunikative Kompetenz weiter auszubauen. „Im Zentrum stehen
die drei Lernbereiche, die das eigentliche Ziel darstellen, einen
Sprachkurs zu besuchen:
- Mündliche Kommunikation
- Umgang mit Texten (Lese-, Hör-, Hörsehverstehen)
- Schreiben.
Voraussetzung zur Ausübung dieser Fertigkeiten ist ein Wissen in
den folgenden Lernbereichen:
- kommunikatives Wissen
- soziokulturelles Wissen
- sprachsystematisches Wissen
- Wissen über Lernen ...“
Genaueres über den Mittelstufenunterricht können Sie in den
„Rahmenrichtlinien für den Mittelstufenunterricht am Goethe-
Institut“ lesen.

Leselandschaft ist aus dem Bedarf nach einem Material entstanden,
das Lerner und Lehrer auf dem Weg zu diesen Zielen unterstützt.
Es baut auf die Prinzipien des Mittelstufenunterrichts auf und stellt
Lerner- und Handlungsorientierung in den Mittelpunkt.

Das vorliegende Lehrerhandbuch basiert auf Erfahrungen in
der Lehrerfortbildung, auf Ergebnissen in Diskussionen und nicht
zuletzt auf unzähligen Mittelstufenkursen.

Damit Sie die Arbeit Ihrer Lerner mit dem Buch effektiv begleiten
können, möchten wir Sie an dieser Stelle mit der Konzeption vertraut machen: Einerseits gibt das Lehr-und Arbeitsbuch durch klein-
schrittige Planung und präzise Formulierungen der Übungen und
Aufgaben ein Geländer, an dem man entlang geht. Andererseits lässt
es Freiräume für die Kreativität der Lerner und des Lehrers.

Bei der Konzeption des Lehrerhandbuchs hatten wir vor Augen
vieles aufzunehmen, was auch uns persönlich bei der Gestaltung
von Unterricht hilft: Die kleinen Schritte für eine rigide Planung,

aber auch theoretische Untermauerungen und vielfach verwendbare ausbaufähige, praktische Ideen für den kreativen Umgang mit den Lektionen. Folgende grafische Darstellung soll Ihnen die Struktur des Lehrerhandbuches veranschaulichen:

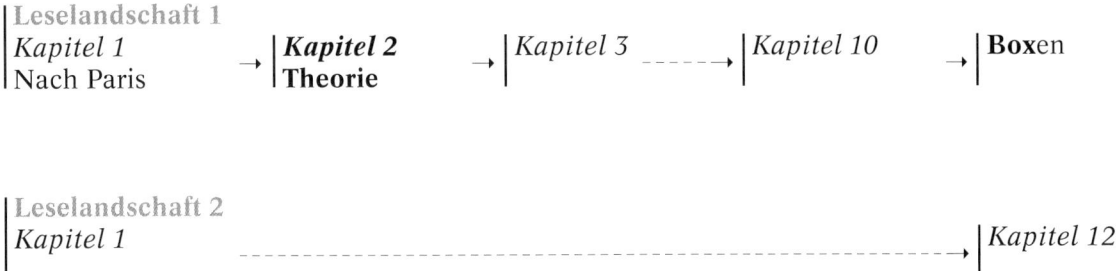

Anhand der ersten Lektion wurde eine Schritt-für-Schritt-Planung beschrieben. Darauf folgt das Herzstück des Lehrerhandbuchs, indem wir von Zielen des Mittelstufenunterrichts ausgehend die Funktion von Leselandschaft in diesem Rahmen bestimmen und die methodische Konzeption vor dem Hintergrund relevanter Planungsüberlegungen analysieren.

Des weiteren werden in jeder Lektion einzelne Bereiche (Wortschatz, Redemittel, Lesen usw.) erläutert, wobei wir bestrebt waren, diese so auszuwählen, das im Endergebnis alle Teilbereiche abgedeckt sind.

Um Ihnen unsere praktischen Tips transparent machen zu können, versuchen wir in theoretischen Boxen die uns bekannte, einschlägige Theorie kurz zusammenzufassen. Immer mit dem Bezug zur Praxis. All jene Kollegen, die einen Kurs zur Vorbereitung auf die neue ZMP planen, finden außerdem in diesen Boxen Hinweise zur Prüfung.

Nachdem wir Ihnen anhand der Lektion 1 „Nach Paris" gezeigt haben, wie wir uns die methodische Aufbereitung einer Lektion vorstellen, möchten wir Ihnen noch einen kleinen Exkurs in unsere Unterrichtsplanung anbieten.
Wenn wir Unterricht planen, so geschieht das auf verschiedenen Ebenen. Planung einer Kurspyramide in Institutionen mit aufeinander progressiv aufbauenden Kursen:
* Planung eines Kurses auf einer bestimmten Stufe
* Planung von Einheiten bzw. Kapiteln
* Planung von einzelnen Unterrichtsstunden

Für unseren Alltag sind die beiden letztgenannten Schritte der Planungshierarchie von Bedeutung und sicher sind wir uns alle darin einig, dass Stunden besser nicht punktuell, sondern in eine größere Einheit integriert vorbereitet werden sollen, d. h., der Planung von Stunden sollte in jedem Fall die Planung der Einheit vorausgehen. So können wir sicher sein, dass auch unsere Lerner das Ziel vor Augen haben und nicht das Gefühl haben, in einem Labyrinth zu sein.

Außerdem ist es so leichter, den Bogen zu spannen, der von der Textpräsentation zur Textproduktion führt und spiralförmige Progression ermöglicht. Uns hilft bei der Planung von Einheiten das folgende Schema:

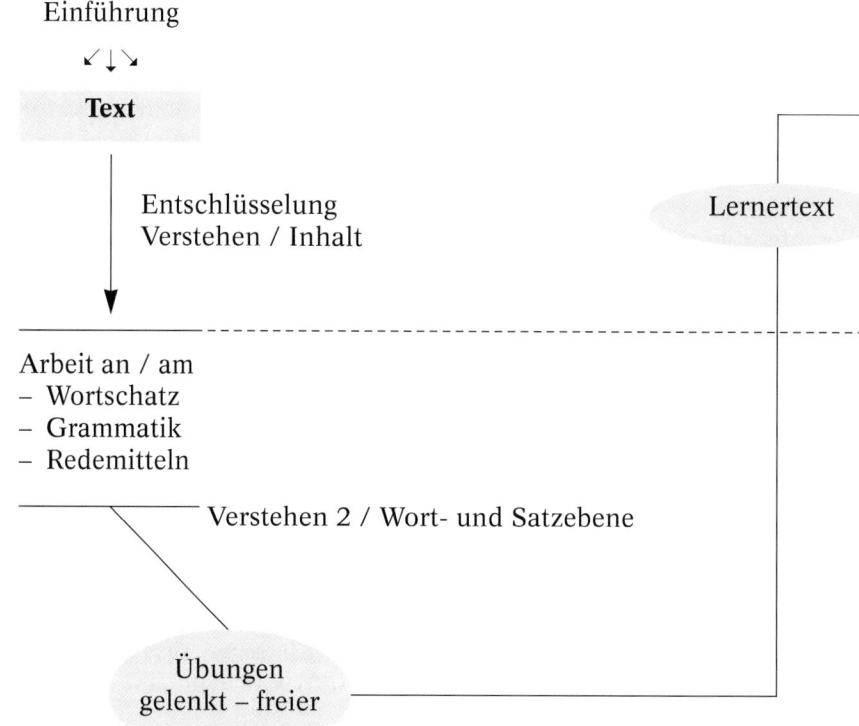

In unseren Vorschlägen und Unterrichtshinweisen versuchen wir immer, neben aller Abwechslung und Aufgabenvielfalt diesem Grundschema zu folgen.

Nach einem motivierenden sprachlichen und inhaltlichen Einstieg folgt die Phase der Entschlüsselung des präsentierten (Hör- oder) Lesetextes. Diese Phase sollte geprägt sein durch die bewusste Anwendung von (Hör- oder) Lesestrategien und (Hör- oder) Lesetechniken und ihren Abschluss finden, wenn TN ohne Hilfsmittel im Prozess des Verstehens nicht weiter kommen. Die Aufgabe von uns als Lehrperson ist es in dieser Phase, den TN Zeit zum Denken zu geben und sie zu beraten, was Entschlüsselungstechniken angeht. Die Arbeit in dieser Phase verläuft ganz ähnlich, wie die Textrezeption in der Muttersprache. Die TN sollen weitgehend auf ihre Kenntnisse und Fertigkeiten in der Muttersprache zurückgreifen können.

Auf der Ebene der Semantisierung, also in der nächsten Phase, folgt eine andere Qualität der Entschlüsselung, indem Wortbedeutungen genau geklärt und grammatische Strukturen erarbeitet werden. Das Ergebnis ist ein tieferes Textverständnis, das gleichzeitig die Basis für Progression schafft.

Diese Progression tritt aber nur ein, wenn in einer nächsten Phase das neue Sprachmaterial mit Bekanntem verknüpft im Rahmen zunächst reproduktiver / geschlossener Übungen eingeprägt wird. Mit dem Wachsen der Sicherheit in der Anwendung werden immer offenere Übungen angeboten.

Der stufenweise Aufbau der Übungssequenzen hat auch für die Mittelstufe Relevanz. Hier ist übrigens auch der didaktische Ort der konsequenten Fehlerkorrektur.

Abgeschlossen wird die Einheit mit der Phase der mündlichen oder schriftlichen Textproduktion, in der TN in einer Synthese von Bekanntem und neu Erlerntem weitgehend als sie selbst agieren.

Wenn Sie jetzt nochmals unsere Grafik betrachten, dann sehen sie oberhalb der horizontalen Linie die Elemente sprachlichen Handelns und unterhalb der Linie die Teile, die die Grundlagen dafür schaffen. Natürlich sind die Ebenen und Phasen in der Realität nicht so klar zu trennen, wichtig ist aber, dass wir Teilziele (z.B. Wortschatz- oder Grammatikwissen) nie zum Endziel erklären dürfen.

Daraus definiert sich auch unsere Rolle: Die Schwerpunkte der einzelnen Phasen richten sich nach den (Sprach)erfahrungen der TN. Die Lehrperson ist ein Zulieferer von Techniken und von notwendigem Grundlagenwissen (dazu gehören auch zum Beispiel landeskundliche und interkulturelle Informationen) – die Lebenserfahrung und die Inhalte bringen die TN.

Sehen wir uns nun an, wie sich dieser Bogen von Sprachrezeption zur Sprachproduktion in den einzelnen Lektionen spannt.

Hierzu nehmen wir als Beispiel die Lektion 2 „Lesende".

Vor dem Hintergrund der jeweils aktuellen Lernbedürfnisse und Ziele der TN sowie unserer Lehrziele als auch in Kenntnis der persönlichen, zeitlichen und räumlichen Bedingungen des Unterrichts setzen wir uns intensiv mit dem Material auseinander, das heißt, wir überprüfen und adaptieren das Kapitel.

Das Ergebnis kann ein Wunsch nach Änderungen sein.

Diese Änderungen können die Texte betreffen: Der Austausch von Texten gleicher Textsorte, die fachlich zum Beispiel den Interessen der Lernergruppe entgegenkommen, ist möglich, doch *darf das Lernziel nicht aus den Augen verloren werden*. Denn der Schwerpunkt liegt in der Vermittlung des Umgangs mit der Textsorte, der Textentschlüsselung, der Verstehensstrategien.

Diese Änderungen können auch die Reihenfolgen betreffen: Wie wir gesehen haben, bilden viele der Übungen aber die Voraussetzung für die folgende Aufgabenstellung. Das heißt, bestimmte Komplexe können in der Reihenfolge ausgetauscht werden, andere nicht.

Das heißt, in jedem Fall ist zu beachten, dass Änderungen nur unter Berüksichtigung bestimmter methodischer Überlegungen und keincsfalls willkürlich vorgenommen werden dürfen.

Betrachten wir zunächst die vom Lehrbuch vorgeschlagene Reihenfolge, um die methodischen Überlegungen, von denen der Autor geleitet war, besser verstehen zu können. Nach einer motivierenden Einführungsphase, die der Lehrer jeweils individuell für seine Gruppe plant und in der Interesse für das Thema geweckt wird, folgt Wortschatzarbeit um sprachliche Vorkenntnisse der TN auf der Wortebene zu aktivieren.
(1) Sprachlich und thematisch auf die Wortschatzarbeit aufbauend folgt dann die Phase des Lesens. Lernziele sind:
–   Texte lesen, Informationen entnehmen und weiter verarbeiten,
–   über die angewandte Lesestrategie reflektieren, dabei noch einmal den Bezug zwischen Leseinteresse – Textsorte – Lesestrategie herstellen, Lesetechniken einüben.
Nach dem inhaltlichen Verständnis wird der Text Ausgangspunkt für weitere Spracharbeit und schafft die Voraussetzungen für spätere produktive Aufgaben zum Thema.
(2) Weiter in das Thema einsteigend, wird nun der Wortschatz in anderen Bereichen erweitert, mit Übungen zur Sprachreproduktion verbunden.
(3–6) Nachdem durch intensives Üben von Wörtern und Strukturen die Grundlagen zum freieren Sprechen gelegt wurden, kann die Bildbeschreibung als eine echte Anwendungsaufgabe verstanden werden.

(7) Die zur Verfügung gestellten Redemittel bereiten die darauf folgende Aufgabe vor: Die Versprachlichung eines Schaubildes. Dies ist bei der ZMP im Teil schriftlicher Ausdruck eine Wahlaufgabe. (8–9) Wiederum wird der Wortschatz rück- und vorwärtswirkend aktiviert und erweitert. Das angebotene Material unterstützt das Lesen und das Sprechen und bereitet auf das Schreiben vor. (10–13) Die Schreibaufgabe bietet die Möglichkeit, die neu erworbenen bzw. aufgefrischten sprachlichen Kenntnisse – auch die Redemittel (14) – mit inhaltlichem Wissen verbunden individuell zu vereinen und in schriftlicher Form produktiv zu werden. (15)

Vgl. hierzu und forthin: Goethe-Institut, Zentrale Mittelstufen-prüfung. Prüfungsziele und Testbeschreibung, München 1996)

Rückblickend könnten wir unseren Weg auch so beschreiben:

(1) Wortschatz	– Einstieg in das Tema / Vorbereitung auf das Lesen
(2) Text	– Input durch Lesen / Sicherung des Verständnisses
	– Anwenden und Reflektieren von Lesestrategien
(3–6) Wortschatz	– Erweiterung des Lernwortschatzes / Vorbereitung auf die Sprachproduktion
(7) Bild	– Sprachproduktion
(8–9) Redemittel	– Bereitstellung von Sprachmaterial um schriftliche Aufgaben auch der ZMP zu meistern
(10–13) Wortschatz	– Weiterer Ausbau des Lernwortschatzes um vorheriges bewusster zu sehen und Kommendes vorzubereiten.
(14) Redemittel	– Bereitstellung von Redemitteln als Vorbereitung auf die Schreibaufgabe
(15) Schreiben	– schriftliche Sprachproduktion – inhaltlich Bekanntes auf einem nun höheren Sprachniveau formulieren.

Damit ist der Bogen vom *Textinput* zum *Textoutput* gezogen! *

* Vgl. u. a. Hans-Jürgen Krumm, Vom Lesen fremder Texte. Textarbeit zwischen Lesen und Schreiben. In: Fremdsprache Deutsch 2/1990, S.20–23/

Kehren wir noch einmal zu den Möglichkeiten der Veränderung zurück. Wenn Sie Texte ersetzen möchten, müssen wir das Ihnen überlassen.

Wenn Sie die Reihenfolge der Lektionsteile verändern möchten, ist dies, wie gesagt, unter Berücksichtigung methodisch-didaktischer Vorgaben möglich.

Wir werden Ihnen im Anschluss an die Kapitelübersicht, die uns die Progression vor Augen führt, jeweils zwei Variationsmöglichkeiten aufzeigen, nach denen Sie Ihren Unterricht auch gestalten können. Vor willkürlichen Änderungen raten wir ab, da dann die Lernziele möglicherweise nicht in befriedigender Weise erreicht werden.

Kapitelübersicht

1		
Wortschatz		
2		
Leseverstehen	selektives Lesen	*Leselust*
3–6		
Wortschatz		
7		
Bildbeschreibung	Lesende	*Skulptur, Foto, Zeichnung*
8–9		
Redemittel	Entwicklungen	*Zeitschriftenmarkt*
10–13		
Wortschatz		
14		
Redemittel	Inhaltswiedergabe	
15		
Schreiben	Darstellung	*Mein Buch*

Planungsvariante 1
Bild **7** ◆ Wortschatz **1** (zuerst die Fragen) ◆ Lesen **15** (Text Ribeyro) ◆ Redemittel **8–9** ◆ Lesen **2** ◆ Wortschatz **3–6** und **10–13** ◆ Schreiben **15** integriert Redemittel **14**

Planungsvariante 2
Lesen **2** ◆ Wortschatz **1** (ohne die Fragen) ◆ Wortschatz **1** ◆ Bild **7** ◆ Wortschatz **3–6** und **10–13** ◆ Schreiben **15** integriert Redemittel **14** ◆ Lesen **15** (Text Ribeyro) ◆ Redemittel **8–9**

Hinweise zu den Aufgaben

Leseverstehen

2   Aufgabe 2 c („Laugenbrei in Wellpappfabriken") ist ein gutes Beispiel für das vom Kontext unterstützte „Erraten" unbekannter Wörter, die im übrigen keinesfalls zu lernen und eben noch nicht einmal nachzuschlagen sind. Solcherart *intelligent guessing* sollte man unbedingt ermutigen, bevor der Griff zum Wörterbuch erfolgt.

Wortschatz

6 Wörtern auf der Spur – gemeint ist die *genaue*, eingrenzende
Bedeutung eines Textes: Welcher Begriff ist weiter / enger, wo gibt
es Bedeutungsüberschneidungen, was müsste wie übersetzt werden?
Wer könnte eine Definition vorbringen? Bei diesem Übungstyp
geht es um Sensibilisierung für genaue Bedeutung und Verwendung
von Lexemen.

Bildbeschreibung

7 Info: „Der Buchleser", Bronzeskulptur des Bildhauers und Schrift-
stellers Ernst Barlach (1870–1938) von 1936, Ernst-Barlach-Muse-
um Hamburg. Weithin bekannt ist auch Barlachs Skulptur „Lesen-
der Klosterschüler", die in dem Roman *Sansibar oder Der letzte
Grund* von Alfred Andersch eine tragende Rolle spielt; der Roman
erschien 1957 und wurde 1987 von Bernd Wicki verfilmt. – „Lesende Studentin" (aus einer Wochenzeitung, 1994) – Walt Disneys
Micky Mouse: populär seit *Steamboat Willie,* dem ersten vertonten
Trickfilm von 1928.

Redemittel

8 Hier finden Sie elementaren Wortschatz, mit dem sie (aktuelle)
Statistiken und Entwicklungsschaubilder zu allen möglichen
Themen in Sprache umsetzen können. Es empfiehlt sich, auf diese
Redemittel auch bei anderen Themen wieder zurückzukommen.

Schreiben

15 *Info:* Julio Ramón Ribeyro, geb. 1929, peruanischer Schriftsteller

Planungsvariante 1
Der Eingestieg in das Thema erfolgt durch das Bild. Mit Hilfe des
Bildes wird das Interesse der Kursteilnehmer auf das Thema fokus-
siert und die Aufgaben helfen ihnen, ihre einschlägigen Vorkenntnisse vorzustrukturieren. (7) Anschließend kann sich jeder Teilnehmer zurückerinnern, in welcher Positur und wo er am liebsten liest.
Sicher macht es Spaß, diese Posituren (im Sessel oder in der Bade-
wanne sitzend usw.) pantomimisch darzustellen. (1 / Frage 2) Die
Fragen „Was lesen Sie gern?" und „Was haben Sie zuletzt gelesen?"
werden mit Wortschatzarbeit „Was wir so lesen" verknüpft.

Da die Gespräche hierzu sehr wahrscheinlich darauf hinauslaufen, dass viele Leute wegen Zeitmangel seltener Bücher, wohl aber regelmäßig Zeitungen und Zeitschriften lesen, bietet es sich an, angeregt auch durch den Text von Ribeyro (15), über tendenzielle Entwicklungen auf dem Zeitschriftenmarkt im eigenen Land zu sprechen und die Ergebnisse mit den statistischen Angaben in Deutschland zu vergleichen (8–9). Um eine günstige Verbindung zum Lesetext (2) zu schaffen und eine entsprechende Erwartungshaltung beim Lesen aufzubauen, lohnt es sich den folgenden Zwischenschritt zu machen: das „Leseprofil" der Leute im eigenen Land aufgrund von Vermutungen bzw. eigener Erfahrungen darzustellen und dies eventuell mit einem vermeintlichen „Leseprofil" der Deutschen zu vergleichen. Diesem Schritt folgt dann die Einheit Lesen (2) mit anschließender Wortschatzarbeit (3–6). Es bietet sich an, hier gleich auch die Übungen 10–13 zur Wortschatzerweiterung bzw. -festigung zu machen. Die auf die Redemittel (14) aufbauende Schreibaufgabe (15) rundet das Thema ab.

Eine nächste Möglichkeit wäre die Arbeit nach der
Planungsvariante 2:
Der Einstieg in das Thema erfolgt durch den Text „Leselust" (2). Um Leseerwartung aufzubauen, können die TN Hypothesen anstellen, was in einem Text mit diesem Titel stehen könnte. Eine andere Möglichkeit wäre, wie in der **Box** *Pantomime* beschrieben, den Textinhalt pantomimisch darzustellen. Das anschließende Gespäch (Wortschatz 1 ohne die Fragen) kann zur Erstellung einer Was-Wo-Wozu-Tabelle über das „Leseprofil" des eigenen Landes führen. Durch den nächsten Schritt – die Beschreibung der Bilder – wird ein persönlicher Bezug zum Thema geschaffen. Dabei können die Fragen in Wortschatz 1 gesprächssteuernde Funktion erfüllen. Der in den Gesprächen verwendete Wortschatz wird durch die Wortschatzübungen (3–6 und 10–13) systematisiert und ergänzt. Nun ist die Basis geschaffen für die Schreibaufgabe (15), bei der die Redemittel (14) eine Formulierungshilfe bedeuten können. Das Thema wird in diesem Fall durch den Text 15 (Ribeyro) abgerundet, der zu einem Gespräch über den Zeitschriftenmarkt führen kann (Redemittel 8–9).

Hörfelder: Hörtext 2
Lehr- und Übungsbuch der deutschen Grammatik, neu:
§ 7 Trennbare Verben; § 8 Untrennbare Verben
Übungsgrammatik DaF für Fortgeschrittene: § 3 Trennbare und
untrennbare Verben

3 Heimat, das ist, wenn …

Kapitelübersicht

1–5 Lesen	O-Ton-Texte	*Heimat*
6–7 Redemittel	Unterschiede und Gegensätze	
8 Bildbeschreibung	Filmplakat	*Heimatlos*
9 Wortschatz		
10–11 Redemittel	Definitionen	
12–13 Wortschatz		
14	Groß- / Klein- schreibung und Interpunktion	*Innen und* *außen*
15 Lesen	Gedicht	*Der Pavillon des* *braunen Kranichs*

Planungsvariante 1
Lesen **1–5** : Redemittel **6–7** ♦ Bildbeschreibung **8** : Wortschatz **9** :   *(Doppelpunkte*
Redemittel **10–11** : Wortschatz **12–13** ♦ Lesen / Orthographie **14** ♦   *bedeuten Integration)*
Lesen **15**

Planungsvariante 2
Bild **8** : Wortschatz **9** : Redemittel **10–11** ♦ Lesen **15** ♦ Wortschatz **13** ♦
Lesen **1–5** : Redemittel **6–7** : Wortschatz **12** ♦ Lesen / Orthographie **14**

Hinweise zu den Aufgaben

Leseverstehen

1–3   *Schritt 1*

Teilen Sie den TN Papierstreifen aus und bitten Sie sie, jeweils einen Satz zu formulieren, der so beginnt: „Heimat", das ist für mich ... Zunächst soll es der erste spontane Einfall zu diesem Thema sein, daher sollten Sie diese Phase möglichst bald beenden.

Schritt 2

Die TN öffnen ihre Bücher und vergleichen ihren Satz mit den Formulierungen im Buch. Nun bekommen sie einen zweiten Papierstreifen, auf den sie einen zweiten Satz mit dem Beginn „Heimat, das ist für mich ..." schreiben können. Vielleicht haben sie jetzt neue, andere Ideen.

Schritt 3

Austausch in der Gruppe (Aufgabe 2). Erstellung eines Papierstreifens „Unter Heimat verstehen wir ..."

Schritt 4

Eisberg erstellen, in dem die TN unter eine erste Wasserlinie zunächst die in der Gruppe gefundenen Formulierungen und dann unter eine zweite Wasserlinie die individuellen Formulierungen (eine oder beide) heften.

Schritt 5

Plenumsgespräch, in dem Gemeinsamkeiten und Unterschiede thematisiert, Fragen gestellt und individuelle Stellungnahmen erläutert werden können. (Dabei können Sie die TN auf die Redemittel 6–7 verweisen, die dann wiederum verwendet werden können, wenn es um die Auswertung der Informationen im Lesetext geht.)

Bildbeschreibung

8   Filmplakat „Heimatlos", ein Dokumentarfilm (35 mm, 104 Min.) von Imre Gyöngyössy, Barna Kabay, Katalin Petényi (1992) über das Schicksal einer 75-jährigen Bäuerin in Russland, die als junge Wolgadeutsche 1941 in die kasachische Steppe verbannt wurde und als alte Frau, zur Zeit der Perestrojka, ihren verlorenen Sohn suchen und in ihre alte Heimat an der Wolga zurückkehren will.

Haben Sie vor, die TN durch das Bild für das Thema zu sensibilisieren, so können Sie das Bild auf eine Folie kopieren und dazu Ab-
deckblätter anfertigen, so dass Sie immer nur bestimmte Sequenzen
aus dem Bild zeigen. Dabei gibt es verschiedene Möglichkeiten:

- Sie zeigen zunächst nur den deutschen Titel: Was wohl auf dem
  Bild dargestellt ist?
- Sie zeigen das Schiff und die Menschen darauf: Was könnte der
  Titel des Filmes sein?
- Sie zeigen das Schiff mit den Menschen und bitten die TN sich
  in die Situation dieser Menschen zu versetzen und ihre Gefühle
  zu beschreiben.

Betrachten Sie dann gemeinsam die Gesichter der beiden Frauen:
Wie ließe sich ihre Situation beschreiben?

Leseverstehen

15   Gedichte sind ein gutes Beispiel für die Textsorten, die totales Lesen
erfordern machen. Wie intensiv man interpretiert, muss der jeweiligen Gruppensituation überlassen bleiben. Als Minimum sollte
die fehlende Textpassage besprochen werden.

Für manche Gruppen mag aber das Gedicht *Pavillon des braunen
Kranichs* allzu schwer sein. Sie können ihnen das vollständige
Gedicht ausdrucksvoll vorlesen und sie bitten, sich während des
Hörens Farben vorzustellen. Von diesen Farbvorstellungen ausgehend können Sie dann über Gefühle sprechen und das mit Schick-
salsfragen verbinden. Sollten Sie Zweifel haben, dass ein so geführ-
tes Gespräch zum Thema Heimatlosigkeit führt, dann können Sie
beim Vorlesen des Gedichts das Bild (allerdings ohne den Titel und
den kleinen Bildausschnitt mit den Frauengesichtern) bzw. nur
die Frauengesichter auf den OHP legen und so den Assoziationen
gleich eine Richtung geben.

Wer darüber hinaus zögert, den Text zu zerreden, könnte – insbe-
sondere in multikulturellen Klassen – zur Übersetzung schreiten:
Die TN übertragen das Gedicht in ihre jeweilige Muttersprache,
anschließend wird die Übersetzung auf Plakaten präsentiert oder
durch Vorlesen zu einem vielsprachig schillerndem „akustischen
Museum". So ähnlich ist schließlich der Text selbst auch entstanden.
Die Übersetzung soll durchaus frei sein; die angebotene deutsche
Version ist absichtlich nicht wörtlich und außerdem diskutierbar.
Wie viel – übersetzbarer? – Raum ist zwischen den Wörtern ver-
schiedener Sprachen, welche weiteren, über diesen Text hinausge-
henden Beispiele könnten Ihre TN erläutern?

Wortschatz – Redemittel

9–10 Wenn Sie Erklärungen für die Begriffe gemeinsam finden möchten
und dann in einer nächsten Runde die Begriffe definieren lassen,
dauert das ziemlich lange. Sie können Zeit sparen, indem Sie Kleingruppen bilden, die jeweils einige Wörter aus Aufgabe 9 zum Nach-
forschen zugeteilt bekommen. Dabei sollen sie im einsprachigen
Wörterbuch nachschlagen und zu jedem Wort das Wortfeld erarbeiten und eine Situationsbeschreibung bzw. Definition finden.
Wenn die TN das Ergebnis ihrer Arbeit gleich auf ein Papier größeren Formats schreiben, dann kann das in der Großgruppe verglichen, gruppiert und ausgewertet werden.

Hörfelder: Hörtext 4; Hörtext 5
Lehr- und Übungsbuch der deutschen Grammatik, neu:
§ 23, V Konjunktionen: Unterschiede, Gegensätze; § 26 II
(Anmerkung)
Übungsgrammatik DaF für Fortgeschrittene:
§ 17 Satzverbindungen und Satzgefüge I

4 Wenn man hier keine Zeitung hält

Kapitelübersicht

1		
Wortschatz	Dorf – Stadt	
2–3		
Leseverstehen	Gedicht	*Im Sommer*
4–9		
Redemittel	Das Meinungs-pingpong I	
10–14		
Leseverstehen	Textkarte	*Neue Landjugend*
15–17		
Wortschatz		
18–20		
Schreiben	formeller Brief	
21		
Diskussion		*Tropicland*

Planungsvariante 1
Wortschatz **1** ♦ Lesen **2, 3** ♦ Redemittel **4–9** ♦ Lesen **10–14** ♦
Wortschatz **15–17** ♦ Schreiben **18–20** ♦ Sprechen **21**

Planungsvariante 2
Wortschatz **1** ♦ Lesen **10–14** ♦ Wortschatz **15–17** ♦
Schreiben **18–20** ♦ Redemittel **4–9** ♦ Sprechen **21**

Hinweise zu den Aufgaben

Wortschatz

1   Das Strukturieren von Wörtern in semantischen Feldern steigert
das Behalten. Sie finden hier ein Beispiel für ein erweitertes Assoziogramm. Es unterscheidet sich von den verbreiteten „Wortigeln",

um deren Zentrum (ein Begriff wie z. B. „Dorf") sich verschiedene weitere Begriffe lagern, welche jedoch – und das ist entscheidend – nicht weiter hinsichtlich ihrer semantischen Über- oder Unterordnung unterschieden werden. Solche Wortigel leisten die Strukturierung, die sie versprechen, eben nicht. Anders im abgebildeten Assoziogramm: Hier werden Zusammenhänge hergestellt: Dorf → Bauernhof → Tier → … Auf diese Weise kann das Wortfeld weiter entwickelt werden; die TN können bei der Frage „Wohin gehört der Begriff?" ausführlich mit einbezogen werden.

Redemittel

4-7   Die Arbeit mit Redemitteln erfolgt im allgemeinen in den folgenden Phasen:
    I. Aktivierung und Ergänzung der Vorkenntnisse
    II. Bedeutungsklärung neuer Redemittel / Strukturierung → Tabelle
    III. Übung: 1: gesteuert
                     2: frei, in Situation(en)

Schritt 1
Die Aufgabe **5** als Phase 1 wie im Buch vorgegeben.

Schritt 2
Aufgabe **6** als Phase 2. Skizzieren Sie an der Tafel eine Tabelle mit der Ausgangssituation (hier: Meinungsäußerung) in der Mitte:

Widersprechen	Ausweichen	eine Meinung äußern	(eine) Einschränkung(en) machen	Zustimmen

Die TN kommen nun an die Tafel und tragen die Redemittel in die entsprechenden Rubriken ein. Wenn genug Kreide / … zur Verfügung gestellt wird, können immer mehrere TN schreiben, die anderen TN kontrollieren und korrigieren.

   Anschließend brauchen die TN genug Zeit die Tabelle in ihr Wörterheft zu schreiben.

Schritt 3
Aufgabe 7a als Phase III / 1, siehe oben, wie im Buch vorgegeben.

Schritt 4

Schreiben Sie die einzuübenden Sprechabsichten ungeordnet auf
Folie oder Flipchartpapier. Schreiben Sie dann die einfacheren,
kürzeren Aussagen von Aufgabe 7b auf einzelne Zettel und verteilen
Sie diese unter einigen TN. Die Spielrunde beginnt damit, dass ein
Teilnehmer seinen Zettel vorliest. Zeigen Sie nun mit der einen
Hand auf eine Sprechabsicht auf der Folie / Flipchartpapier und mit
der anderen auf einen TN. Dieser soll im Sinne der vorgegebenen
Sprechabsicht reagieren. Dem Inhalt der Aussage entsprechend zei-
gen Sie auf eine nächste Sprechabsicht und einen anderen TN.
Durch die Auswahl der Äußerungen können Sie den Gesprächsver-
lauf steuern und ihm bei jeder neuen Aussage eine andere Richtung
geben.

widersprechen   ausweichen

                        eine Meinung äußern

eine Einschränkung machen   zustimmen

Schritt 5

Zur freien Anwendung der Redemittel (als Phase III / 2, siehe oben)
stehen den TN die Aussagen in der Aufgabe **7**b als Meinungsäußerung zur Verfügung: Die TN formulieren nun ihre eigene Meinung.

Sie können kurze Diskussionsrunden organisieren, entweder im
Plenum oder in Kleingruppen, über je ein gewähltes Thema aus dem
Bereich „Sprachen lernen“.

Bei der letzten Aussage (Punkt 7) können Sie dann ein Meinungspingpong „Optimisten – Pessimisten“ organisieren, in dem diejenigen TN, die mit der Aussage 7 einverstanden sind, den anderen
gegenüber stehen / sitzen, die der Auffassung sind, es sei nie zu spät,
eine Fremdsprache zu lernen.

Die kreative Anwendung dieser Redemittel erfolgt dann in der
simulierten Diskussion „Tropicland“, in der Aufgabe 21 dieser
Lektion.

Leseverstehen

10 – 14 Bei diesen Aufgaben (ferner in Bd. 1, Kap. 6) begegnen Sie erstmals einer sogenannten „Textkarte“, d. h. einem grafisch gestalteten
Notizzettel – einer Vorform der *Mindmap*, die im Bd. 2, Kap. 2
systematisch beschrieben wird. Textkarten und *Mindmaps* ist gemeinsam, dass in ihnen – anders als bei bloßen Listen – die Informationen räumlich auf dem Papier so zusammenstehen wie sie
zusammengehören.

Wortschatz

17 „Wörtern auf der Spur" – diesem Aufgabentyp begegnen Sie in der Leselandschaft auch später noch. Hier finden Sie weniger eine Aufgabe als vielmehr die Anregung, der *genauen* Bedeutung eines Wortes auf den Grund zu gehen. „Bauer" ist eines jener Wörter, das sich nur scheinbar einfach in eine andere Sprache übersetzen lässt; in Wirklichkeit wird durchaus Verschiedenes darunter verstanden. Wenn Sie weitere Beispiele suchen für Wörter, deren Bedeutung man eigentlich einmal genauer unter die Lupe nehmen sollte, so werden Sie wahrscheinlich bei Ihrer nächsten Zeitungslektüre fündig: Oft sind es aktuelle „landeskundlich-linguistische Einheiten", die zwar mit dem Wörterbuch „übersetzbar" werden (oder auch nicht), in einem konkreten Kontext jedoch unterschiedliche spezifische Bedeutungen bergen. Für dieses Phänomen können Sie Ihre TN sensibilisieren. Beispiele: Sozialhilfe, Grundversorgung, Arbeitsbeschaffungsmaßnahme – Becher, unheimlich u. v. m.

Schreiben

18–20 Viele Ihrer TN haben die Merkmale des formellen Briefes schon einmal kennengelernt; jetzt kommt es darauf an, diese Kenntnisse zu sichern und zu erweitern.

Schritt 1

„Was ist typisch für den formellen Brief?" „Inwiefern unterscheidet er sich vom Privatbrief?" „Was sind charakteristische Formulierungen?" – Tauschen Sie sich zunächst mit Ihren TN über die Vorkenntnisse aus. – Raten Sie stets zur Verwendung der Standardanrede *Sehr geehrte Damen und Herren* und der Standardgrußformel *Mit freundlichen Grüßen*, auch wenn im im täglichen Leben auch andere verwendet werden; Standardformeln vermeiden Missverständnisse.

Schritt 2

Sprechen Sie die Punkte in Aufgabe 18 (Nr. 1–8) systematisch durch. Notieren Sie zu jedem Punkt ein Beispiel an der Tafel, so dass am Ende ein Mini-Musterbrief entstanden ist (z. B. „... Sehr geehrte ... vielen Dank für Ihr Schreiben vom 18. Januar. In der Anlage finden Sie die gewünschten Unterlagen. Mit freundlichen Grüßen ...").

Schritt 3

Einzelarbeit oder Hausaufgabe: Erstellen eines eigenen Musterbriefes durch Aufgabe 19. Machen Sie Ihren TN klar, dass sie im Lehrbuch kein Muster für einen korrekten Formbrief finden werden

– <u>dieses Muster muss von ihnen selbst hergestellt werden</u>, also als Reinschrift mit farbiger Markierung der wichtigsten Fehlerquellen.

Wiederholen Sie an der leeren Tafel das grafische Schema für den formellen Brief: Wo steht was? (*Brieftext – Unterschrift – „2 An-lagen" – Schlussformel – Brieftext – Absendername und -adresse – Empfängername und -adresse – Anrede*) oder nehmen Sie das folgende Arbeitsblatt:

Schreiben Sie die Nummern in die entsprechenden Kästen!

1 Datum

2 Anlage(n)   **8 Anrede**   **7 Schlussformel**

5 Absender: Name, Adresse

6 Betreff

4 Empfänger: Name, Adrersse

3 Brieftext   **9 Unterschrift**

Hörfelder: Hörtext 6
Lehr- und Übungsbuch der deutschen Grammatik, neu:
§ 28 Konditionale Nebensätze; § 14 I, § 15, § 16 II dass-Sätze
Übungsgrammatik DaF für Fortgeschrittene:
§ 13 VI Konditionalsätze; § 17 II Untergeordnete Konjunktionen

5 Eine richtige Großstadt

Kapitelübersicht

1
Bildbeschreibung   Filmszene
2
Wortschatz   Großstadt
3–6
Redemittel   Vorteile, Nachteile
7–10
Leseverstehen   O-Ton-Text   *Warten auf die große Stadt*

11–13
Wortschatz
14
Redemittel   Beratung
15
Diskussion   *Sparmaßnahmen*
16
Schreiben   Beschreibung

Planungsvariante 1
Bildbeschreibung **1** ♦ Wortschatz **2** ♦ Redemittel **3–6** ♦ Lesen **7–10** ♦
Wortschatz **10–13** ♦ Redemittel **14** ♦ Sprechen **15** ♦ Schreiben **16**

Planungsvariante 2
Schreiben **16** ♦ Bildbeschreibung **1** ♦ Lesen **7–10** ♦
Wortschatz **11–13** ♦ Wortschatz **2** ♦ Redemittel **3–6** ♦
Redemittel **14** ♦ Sprechen **15**

Hinweise zu den Aufgaben

Bild

1   *Info:* Hermanns Ankunft in München, aus Edgar Reitz' zehnteiligem Spielfilm *Zweite Heimat* (1992). Hauptfigur der Filme ist – wie schon in Reitz' 16-stündigem Filmroman *Heimat* (1979–1984) – der junge Hermann Simon. Nach dem Abitur in einer Kleinstadt im Hunsrück geht Hermann zum Musikstudium nach München, erstmals in eine Großstadt. „Ich wollte nach München. Das war für mich die Stadt der Künste, die heimliche Hauptstadt mit ihren tausend Farben in den Nächten. Mit Konzerten, Premieren, Museen und Galerien, Künstlerkneipen, Filmstudios und Schwabinger Cafés, Mansarden und Ateliers. Ich hatte beschlossen, mich nicht noch einmal umzudrehen. Ich fühlte, dass die Freiheit auf mich wartete. Endlich entschied ich allein, was gut war oder böse, was schön, was erlaubt sein musste – was vielleicht verboten war. Ich wurde zum zweiten Mal geboren, diesmal nicht aus meiner Mutter, sondern aus meinem eigenen Kopf. Ich zog aus, suchte meine zweite Heimat'." (E. Reitz, *Zweite Heimat*, München 1992, S.17–18). Die Filmszene spielt im Jahr 1960.

Um die Bildbeschreibung wieder einmal anders zu gestalten, kopieren Sie das Bild auf ein A4-Blatt.

Schritt 1
Hängen Sie das Bild in die Mitte der Tafel und zeichnen Sie einen Kreis um das Bild herum. Schreiben Sie in den Kreis die Fragen: WER? WAS? WO? Die TN beschreiben im Plenum das Bild anhand dieser Leitfragen.

Schritt 2
Zeichnen Sie nun einen größeren Kreis um den ersten Kreis, in den Sie die Fragen WIE? WARUM? schreiben. Die TN sollen weitere Ideen zu den Fragen entwickeln und diese im Plenum austauschen.

Schritt 3
Nun kommt der größte Kreis, in den Sie den Satzanfang „ALS ICH EINMAL ..." schreiben. Die TN sollen dann in stiller Einzelarbeit (in etwa 5 Minuten) einen kurzen schriftlichen Beitrag zum Thema schreiben.

Schritt 4

Die fertigen Arbeiten werden in den äußersten Kreis zerstreut aufgehängt, wie auf einer Messe, damit sie von allen gelesen werden können.

Die Gruppe kann sich dann eventuell als eine Jury organisieren und den besten Verfassern Preise verleihen.

Lehr- und Übungsbuch der deutschen Grammatik, neu:
§ 60 Präpositionen mit Akkusativ oder Dativ (§ 57 Präpositionen; § 58 Präpositionen mit dem Akkusativ; § 55 Präpositionen mit dem Dativ)

6 Meine Frau, die bleibt zu Hause

Kapitelübersicht

1–3		
Wortschatz	Sachtexte	
4 – 5		
Bildbeschreibung	Zwei Frauenfotos	
6 – 7		
Leseverstehen	Interviews	*Meine Fau, die bleibt zu Hause Karriere, Kinder und ein Mann*
8–10		
Wortschatz		
11		
Redemittel	Thema einleiten, Argumentieren Schlussbemerkung	
12		
Schreiben	Stellungnahme	
13 – 18		
Leseverstehen	Sachtext	*Wenn die Männer zu Hause bleiben*
19 – 20		
Diskussion	Verhaltensweisen	
21		
Redemittel	Anteile	

Planungsvariante 1
Wortschatz **1–3** ◆ Bildbeschreibung **4, 5** ◆ Lesen **6, 7** ◆
Wortschatz **8–10** ◆ Redemittel **11** ◆ Schreiben **12** ◆ Lesen **13–18** ◆
Sprechen **19, 20** ◆ Redemittel **21**

Planungsvariante 2
Bildbeschreibung **4, 5** ◆ Wortschatz **1–3** ◆ Sprechen **19, 20** ◆
Lesen **6, 7** ◆ Wortschatz **8–10** ◆ Redemittel **21** ◆ Lesen **13–18** ◆
Redemittel **11** ◆ Schreiben **12**

Hinweise zu den Aufgaben

Bildbeschreibung

5 *Info:* Berufstätige Frau in den neunziger Jahren – Mutter mit drei Kindern, eine Aufnahme aus den fünfziger Jahren.

Lesen

13–18 Organisieren Sie mit Ihrer Lerngruppe zuerst eine „Meinungsschlange". Die hat den Vorteil, dass sich die TN über die Problemstellung des Textes vorab klar werden, und gibt jedem TN die Möglichkeit seine Position zu formulieren.

Erklären Sie gegebenenfalls den Begriff „Hausmann" analog zum Begriff „Hausfrau".

Gehen Sie dabei so vor: Schreiben Sie an die linke und die rechte Seite der Tafel zwei extreme Meinungen über die Rolle der „Hausmänner", etwa die Aussagen „Hausmann sein heißt Selbstaufgabe" und „Hausmänner sind Zeitgeistpioniere". Fordern Sie Ihre TN nun auf, sich zu überlegen, wo ihre eigene Position zwischen den beiden Extremen ist. Nach einer kurzen Denkpause besteht die Aufgabe der TN darin, in einer bestimmten Zeit mit möglicht vielen TN über das Problem zu sprechen und ihre Meinungen auszutauschen. (Dazu müssen die TN sich frei im Raum bewegen können.) Auf ein akustisches Zeichen hin soll jeder vor der Tafel eine Position zwischen den Extremen einnehmen, die so ungefähr seinen Standpunkt signalisiert. So entsteht eine Schlange.

Nun beginnt ein Plenumsgespräch, in dem die TN der Reihe nach ihre „Stellung-Nahme" in ein paar Sätzen (!) begründen. Falls jemand von den TN im Laufe der Begründungen das Gefühl hat, auf einem falschen Platz zu stehen, kann er seine Position ändern. Geben Sie gegebenenfalls einen Anstoß zum Widerspruch. Gönnen Sie Ihren TN eine hitzige Diskussion, greifen Sie auch nicht ein, wenn sie etwas unstrukturiert ist, erst wenn Sie merken, dass sich die TN nur noch wiederholen, sollte die Diskussion abgebrochen werden. Fassen Sie dann das Ergebnis der Diskussion zusammen, indem Sie die meistvertretenen Meinungen kurz formuliert an die Tafel schreiben.

Da es nicht fair wäre, die TN über ihre persönlichen Ansichten äußern zu lassen, während Sie selbst Ihre Meinung verschweigen, sollten auch Sie an der „Meinungsschlange" teilnehmen. Bei der Diskussion sollten Sie dann eher im Hintergrund bleiben und Ihren TN die Möglichkeit geben, frei und spontan zu sprechen.

Diskussion

19 Bevor Sie mit Ihren TN die Aufgabe 19 – wie sie im Buch vorge-
geben ist – angehen, können Sie Ihre TN fragen, ob es ihrer
Meinung / Erfahrung nach atypische männliche und weibliche
Verhaltensweisen gibt. Welche sind das?

Ergänzung
Musik als Sprechanlass
„Frau"-Musik / „Mann"-Musik
Zeit: etwa 30 Minuten
Medien: Audiokassette
Vorbereitung: Wählen Sie zwei Instrumentalstücke aus. Überspielen
Sie jeweils einen Ausschnitt von zwei Minuten auf eine Kassette.
    Bei der Erprobung waren Ausschnitte aus „Gitarrenspiel" von
Jesse Cook und „Siluans Song" von Arvo Pärt sehr erfolgreich.
Wählen Sie auf jeden Fall eine Musik, zu der Sie eine Beziehung
haben, positiv oder negativ.

Schritt 1
Bitten Sie Ihre TN sich beim Hören der ersten Musik eine Frau,
beim Hören der zweiten einen Mann vorzustellen. Stellen Sie
W-Fragen: Wie ist diese Frau? Wie sieht sie aus? Was für eine Persönlichkeit ist sie? Genauso zum Mann: Wie ist er? usw.
    Schließen Sie die Außenwelt möglichst aus, um die Fantasien in
Bewegung zu setzen. Die TN mögen die Augen schließen. Oder
machen Sie zum Hören das Licht aus (ist die Dunkelheit zu intensiv,
hilft eine brennende Kerze).

Schritt 2
Beim zweiten Hören – nun schon im hellen Klassenzimmer –
machen die TN auf dem Arbeitsblatt Notizen.

Arbeitsblatt
1. „Frau-Musik" / Wie ist diese Frau? Wie sieht sie aus?
    Was für eine Persönlichkeit ist sie?
2. „Mann-Musik" / Wie ist dieser Mann? Wie sieht er aus?
    Was für eine Persönlichkeit ist er?

Schritt 3
Aufgabe in Kleingruppen:
–   die Notizen, die Vorstellungen vergleichen,
–   sich über die zwei Personen einigen,
–   diese zwei Fantasiefiguren in irgendeiner Geschichte
    zusammenführen.

Während der Gruppenarbeit können Sie die Musik leise, als Hintergrundmusik nochmals spielen, jetzt vielleicht längere Ausschnitte oder vollständig.

Schritt 4

Präsentation der Geschichten im Plenum oder in Wirbelgruppen (siehe die Beschreibung in der **Box** *Auswertung der Ergebnisse von Arbeitsgruppen*).

Diese Aufgabe lässt den TN während der Sprachproduktion viel Freiheit und bietet die Möglichkeit, dass jeder seinen sprachlichen Fähigkeiten entsprechend zu einem produktiven Ergebnis kommt.

Lehr- und Übungsbuch der deutschen Grammatik, neu:
§ 56 II Indirekte Frage; § 21 Futur I
Übungsgrammatik DaF für Fortgeschrittene: § Indirekter Fragesatz

7 Das Jahrhundert der Umwelt

Kapitelübersicht

1
Wortschatz   Ein Umwelt-ABC
2–4
Redemittel   Ursachen und
                        Wirkungen

5–6
Leseverstehen   *Die sieben öko-*
                                        logischen Gefahren

7–8
Wortschatz
9–12
Leseverstehen   *Drei Viertel aller*
                                        Deutschen ...

13
Schreiben
14
Leseverstehen   *Wie Greenpeace zu*
                                        einem Auto kam ...

15
Redemittel
16–17
Diskussion   *Protestaktionen*
18
Bildbeschreibung

Planungsvariante 1
Wortschatz **1** : Redemittel **2–4** ◆ Lesen **5–6** ◆ Wortschatz **7–8** ◆
Lesen **9–12** ◆ Schreiben **13** ◆ Lesen **14** ◆ Redemittel **15** ◆
Diskussion **16** ◆ Diskussion **17** ◆ Bild **18**

Planungsvariante 2
Karikaturen oder Bild **4 / 18** ◆ Lesen **5–6** ◆ Wortschatz **1** ◆
Redemittel **2–3** ◆ Wortschatz **7–8** ◆ Lesen **14** : Redemittel **15** ◆
Diskussion **16** ◆ Diskussion **17** ◆ Lesen **9–12** ◆ Schreiben **13**

Hinweise zu den Aufgaben

Wortschatz

1   Wer sich über Umweltthemen verständigen will, ist auf die Kenntnis zahlreicher zum Teil sehr spezifischer Wörter und Wendungen („Artensterben", „Schadstoffbelastung") angewiesen. Das ABC ist einfach nur eine Form, für dieses spezifische (Zeitungs-)Vokabular zu sensibilisieren und es ansatzweise zu sammeln.

Sie können das Umwelt-ABC auch mit den TN zusammen erstellen, indem Sie ihnen ausgewählte Zeitungsartikel zum selektiven Lesen geben, mit der Bitte, wichtige Ausdrücke für ein Umwelt-ABC zu suchen. Ergänzt werden kann dann die von den TN zusammengestellte Liste durch die Wörter im Buch.

Eine Gruppierung der Wörter im ABC nach Gesichtspunkten, die Sie in Kenntnis des Textinhaltes festlegen oder die die TN aufgrund von thematischen Zusammenhängen vornehmen, kann als Vorbereitung auf den Lesetext „Die sieben ökologischen Gefahren für die Menschheit" dienen.

Wortschatz

7   Schicken Sie die TN „auf die Jagd" nach Umweltkomposita in der Sprache der Medien. In der Folgestunde vergleichen die TN ihr Ergebnis mit der Liste im Buch. Vielleicht entstehen dabei auch neue, von den TN geschaffene Komposita, die dann auf ihre Aussagekräftigkeit hin in der Gruppe überprüft, aussortiert oder beibehalten werden können.

Schreiben

13   *Zum Korrigieren:* Individuelle Korrekturen sind zwar wichtig, aber nicht unbedingt effektiv. Die kurze Spannung oder Aufmerksamkeit ist schnell vorbei und nur die wenigsten setzen sich tiefergehend mit den Fehlerquellen auseinander. Daher sollten Sie einmal die folgenden zwei Methoden ausprobieren und anschließend die TN fragen, ob sie diese Formen nicht vielleicht nützlicher finden.

Methode A: Sammeln Sie die schriftlichen Arbeiten ein und markieren Sie die Fehler, ohne sie aber direkt zu korrigieren. Geben Sie dann den TN die Möglichkeiten, an den eigenen Fehlern zunächst mit Hilfe von Wörterbüchern und Grammatika oder aufgrund von Beratung durch andere TN zu korrigieren. Sammeln Sie dann noch einmal die Texte ein und korrigieren Sie wie gewohnt die noch verbliebenen Fehler – bestimmt weniger als zuvor.

Methode B: Sammeln Sie die schriftlichen Arbeiten ein und erstellen Sie aufgrund der Fehler(typen), die in den einzelnen TN-Texten häufig vorkommen und gravierend sind, ein umfassendes Arbeitsblatt mit Selbstkontrollmöglichkeit für alle TN. Geben Sie den TN nach der Lösung der Aufgaben die Möglichkeit, Fragen in der Gruppe zu klären bzw. ihre schriftlichen Arbeiten zu optimieren.

Diskussion

17   *Variante A*
Schritt 1: Teilen Sie die Großgruppe je nach TN-Zahl in 4 oder 8 Kleingruppen (evtl. auch Paare).

Schritt 2: Jeweils *zwei Kleingruppen* bzw. Paare sollten sich für *ein Diskussionsthema* entscheiden, indem sie alle fünf lesen und jenes auswählen, das sie am an- und / oder aufregendsten finden.

Schritt 3: Die Kleingruppen bzw. Paare diskutieren über das Problem und einigen sich auf einen Kompromissvorschlag.

Schritt 4: Zwei Kleingruppen bzw. Paare mit demselben Thema setzen sich zusammen, vergleichen die Kompromissvorschläge und einigen sich auf einen für alle vertretbaren endgültigen Vorschlag.

Variante B
Schritt 1: Die TN lesen die fünf Diskussionsthemen und entscheiden sich für eins.

Schritt 2: Sie bilden möglichst viele Kleingruppen, die das Problem besprechen und einen Kompromissvorschlag erarbeiten und aufschreiben.

Schritt 3: Alle Kompromissvorschläge werden der Großgruppe zur Diskussion vorgelegt. Die Gruppe soll sich auf einen endgültigen Vorschlag einigen.
Zwei weiterführende Ideen zur „Umwelt-Arbeit" im Sprachunterricht:

1. Sie können die TN auffordern, eine Zeit lang in allen deutschen Zeitungen und Zeitschriften, an die sie herankommen können nach Zeitungsartikeln zum Thema *Umwelt* zu suchen. Wenn genügend Material vorhanden ist, kann wieder eine Umwelt-Stunde eingelegt werden, in der die Gruppe die Artikel thematisch ordnet, die interessantesten Beiträge auswählt und eine Umwelt-Broschüre zusammenstellt.

2. Sie können die TN auffordern, einen Monat lang sich selbst und ihre Umgebung zu beobachten, was sie für oder gegen die Umwelt tun. Jeder soll das Beobachtete regelmäßig protokollieren. Die Protokolle werden dann nebeneinander gelegt, verglichen und ausgewertet. Als Ergebnis soll eine Broschüre entstehen mit dem Titel „Umweltschutz fängt bei uns an" (oder so ähnlich).

Bildbeschreibung

18   *Info:* Abgebildet ist die „Gänsemutter" Angelika Hofer, eine Schülerin des österreichischen Verhaltensforschers Konrad Lorenz (1903–1989). Als junge Biologin zog sie Ende der achtziger Jahre während der Sommermonate Gänseküken auf und beobachtete sie unter verhaltensphysiologischen Gesichtspunkten (*Ein Gänsesommer*, München 1987; *Tagebuch einer Gänsemutter*, München 1989).

Variante 1
Zeigen Sie jeweils nur die eine und dann die andere Hälfte des Bildes, ohne zu sagen, dass das zwei Hälften desselben Bildes sind, auf dem dann aber auch nichts anderes zu sehen ist. Fragen Sie die TN, welcher Zusammenhang zwischen den beiden Bildhälften bestehen könnte. Dann skizzieren sie das Bild ihren Vorstellungen entsprechend schematisch.
Zeigen Sie erst dann das komplette Bild.

Variante 2
Wenn Sie dieses Bild projizieren, lassen Sie jeweils eine Bildhälfte abgedeckt, um durch diese Verzögerung die Besprechung des Bildes in Gang zu bringen. Sparen Sie ggf. nicht mit provokativen Thesen: „Unser Verhältnis zum Tier = Unser Verhältnis zur Umwelt" u.a.m.

Hörfelder: Hörtext 7; Hörtext 8
Lehr- und Übungsbuch der deutschen Grammatik, neu:
§ 52 Konjunktiv; § 55 Konjunktiv I; § 19 Passiv
Übungsgrammatik DaF für Fortgeschrittene: § 7 Konjnunktiv I;
§ Gebrauch des Passivs

8 Zusammen leben

Kapitelübersicht

1		
Wortschatz		
2		
Bildbeschreibung	Klassenfoto	
3 – 8		
Leseverstehen	Reportage	*Kommen, geben und etwas mitnehmen*
9 – 11		
Wortschatz		
12 – 13		
Redemittel	Beispiele	
14 – 16		
Wortschatz		
17 – 18		
Redemittel	Begründen	
19		
Schreiben	Darstellung, Diskussion	

Planungsvariante 1
Wortschatz **1** ◆ Bildbeschreibung **2** ◆ Lesen **3 – 8** ◆ Wortschatz **9 – 11** ◆
Redemittel **12, 13** ◆ Wortschatz **17, 18** ◆ Redemittel **14 – 16** ◆
Schreiben **19**

Planungsvariante 2
Bildbeschreibung **2** ◆ Wortschatz **1** ◆ Lesen **3 – 8** ◆ Wortschatz **9 – 11** ◆
Redemittel **2, 13** ◆ Redemittel **17, 18** ◆ Wortschatz **14 – 16** ◆
Schreiben **19**

Hinweise zu den Aufgaben

Bildbeschreibung

2   *Info:* Das Foto zeigt Schulabgänger des Moskauer Humanistischen Gymnasiums (mit erweitertem Französischunterricht) und wurde auf der Titelseite der Zeitschrift *Megapolis-Continent* (20 / 1992) zusammen mit einer Kolumne über die Zukunftschance der jungen Generation veröffentlicht.

Beachten Sie aber, dass die TN diese Hintergrundinformationen für ihre Bildbesprechung nicht brauchen.

Leseverstehen

3   Das Beantworten dieser Fragen verlangt ein ziemlich gründliches Nachdenken über die Formen menschlichen Zusammenlebens und die daraus resultierenden Konflikte, was eigentlich Grundthema des ganzen Kapitels ist. Planen Sie also genügend Zeit ein für die Bearbeitung des kleinen Fragebogens.

Schritt 1
Die TN benötigen ausreichend Zeit, über die einzelnen Fragen nachzudenken und sie in einigen Sätzen oder in Stichworten schriftlich, in stiller Einzelarbeit zu beantworten.

Schritt 2
Die persönlichen Antworten lassen Sie in Kleingruppen erzählen und besprechen.

Schritt 3
Jede Gruppe wählt dann die drei interessantesten / schönsten / merkwürdigsten / überraschendsten Antworten aus, die dem Plenum vorgelesen werden.

5   *Kommen, geben und etwas mitnehmen* Die Adresse der Schule lautet: The United World College of the Atlantic, St. Donat's Castle Llantwit Major, CF69WF South Glamorgan, Great Britain. Eine deutsche Kontaktadresse ist: United World Colleges, Deutsches Kommitee, Lörracher Str. 3, 79115 Freiburg.

Redemittel

17–18 Schreiben Sie die Fragen der Aufgabe 18 auf einzelne Zettel
z. B. „Deine / Ihre Fußballmannschaft hat am letzten Wochenende
haushoch verloren. Wieso?" Falls Sie eine größere Gruppe haben,
denken Sie sich weitere Fragen aus:
- „Du hast / Sie haben gestern abend stundenlang vor dem Kino
  gestanden. Warum?"
- „Warum ist in Australien Sommer, während in Europa Schnee
  liegt?"
- „Warum spielen die Kinder so gerne?"
- „Warum ist der Mond eine romantische Angelegenheit?"
- „Warum trinkt man gern Wein?"
- „Warum lernt man Fremdsprachen?"
- „Du siehst heute so glücklich aus. Warum?" usw.

Schritt 1
Jeder TN zieht einen Zettel oder Sie verteilen die Zettel unter den
Teilnehmern.

Schritt 2
Bitten Sie nun Ihre TN aufzustehen und beim Kommen und Gehen
im Raum möglichst vielen Leuten „ihre Frage" zu stellen. Jede
Antwort muss ein Redemittel enthalten.

Nehmen Sie auch am „Spiel" teil, damit Sie die korrekte
Anwendung der Redemittel kontrollieren können.

Hörfelder: Hörtext 9
Lehr- und Übungsbuch der deutschen Grammatik, neu:
§ 22 I Die Satzstellung, Anmerkung 4: Negation; § 3 II kein;
39 III 2. kein; § 27 Kausale Nebensätze; § 61 3. wegen
Übungsgrammatik DaF für Fortgeschrittene: § 19 I, II, III sondern;
§ 13 II Kausalsätze

9 Mein Tag

Kapitelübersicht

1–3		
Wortschatz		*Arbeitsplatz*
4–6		
Leseverstehen	O-Ton-Texte	*Mein Tag*
7–8		
Wortschatz		*Interviewen*
9		
Schreiben	Darstellung	*Kreativität im Alltag*
10–11		
Leseverstehen	Aktennotizen	
12–14		
Wortschatz		*Büroorganisation*
15		
Schreiben	persönlicher / formeller Brief	*Terminabsprache*

Planungsvariante
Wortschatz **1–3** ◆ Lesen **4–6** ◆ Wortschatz **7–8** ◆ Schreiben **9** ◆
Lesen **10–11** ◆ Schreiben **15** ◆ Wortschatz **2–14**

Hinweise zu den Aufgaben

Wortschatz

1 In dieser Lektion liegt der Schwerpunkt auf dem *Arbeitsplatz*,
dem *Arbeitsalltag* und der *Büroorganisation* – das Wortfeld *Arbeit*
(einschließlich Arbeitsmarkt u. v. a.) wird in *Leselandschaft 2*
Kapitel 4 behandelt.

Lesen

4 – 6 Diese Lesetexte ermöglichen Lernerorientierung und Handlungsorientierung im Unterricht. Sie bieten eine ideale Grundlage für
echte Kommunikation im Unterrichtsraum und für über den reinen
Informationsaustausch hinausgehende Sprechaufgaben.

Schritt 1
Präsentieren Sie zunächst nur diese Informationen (Tafel, Folie,
Fotokopie):

Mein Tag: Herr Horst,
50 Jahre, geboren in Wien,
Kellner im Café Prückel, ebenda

Mein Tag: Dagmar Szabados,
Bürgermeisterin von Halle und
Leiterin des Amtes für Umwelt-
und Naturschutz

Mein Tag: Rose Shoshana,
44 Jahre, Fotografin

Die TN spekulieren im Plenum oder in Gruppen ein wenig über
diese Personen und halten ihre Vermutungen im Heft fest. Gegebenenfalls geben Sie Ihren Teilnehmern einige Denkanstöße: Interessen, Familie, Schicksalsschläge u. a. m.

Schritt 2
Bilden Sie noch vor dem ersten Lesen Dreiergruppen. Danach
entscheiden die TN, wer von ihnen welchen Text liest. Dabei ist
zu beachten, dass in jeder Gruppe jeder Text einmal vertreten
sein muss.

Schritt 3
TN lesen den gewählten Text kursorisch und füllen dabei das Raster
im Lehrbuch Seite 119 aus. *Achtung*: Denken Sie bei Aufgaben
zum kursorischen Lesen bitte immer daran, dass Sie die Lesezeit
relativ kurz halten. Nur dann werden die TN diesen Lesestil anwenden (dessen Beherrschung ein Prüfungsteil der neuen ZMP ist),
denn es liegt in der menschlichen Natur, bei ausreichender Zeit und
angekurbeltem Interesse Texte total zu lesen.

Schritt 4
Kurzer Informationsaustausch in der Kleingruppe und erster
Vergleich mit den Spekulationen aus der Einführungsphase.

Schritt 5

Das zweite – selektive – Lesen eignet sich sehr gut als Hausaufgabe.
TN lesen und bearbeiten das „Alltagsprofil" in Aufgabe 5.

Schritt 6

Besprechen Sie mit den TN, wie der Informationsaustausch erfolgen soll. Denkbar ist:

Vergleichen Sie mit der **Box** *Auswertung der Ergebnisse von Arbeitsgruppen*

– TN mit demselben Text tauschen Infos aus und klären Fragen → TN gehen zurück in die ersten Kleingruppen und informieren einander.
– TN mit demselben Text tauschen Infos aus und klären Fragen → in der Gruppe entsteht ein visuell gestaltetes Plakat mit wesentlichen Infos zur Person → es werden neue Gruppen gebildet / von jedem Text ein TN → Austausch in der Wirbelgruppe.
– TN mit demselben Text tauschen Infos aus und klären Fragen → in der Gruppe entsteht ein visuell gestaltetes Plakat mit wesentlichen Infos zur Person → die Plakate werden im Raum ausgehängt und im Rahmen eines „Messe-Rundgangs" kann sich jeder informieren.

Schritt 7

Im Plenum können Sie das Gespräch unterschiedlich akzentuieren: Hin zur Charakterisierung der dargestellten Personen (wobei Sie z. B. dem Zusammenhang zwischen Lebensgeschichte und Beruf der Fotografin nachgehen könnten) oder hin zur Typisierung eines „idealen" Arbeitsplatzes. Vergleichen Sie Anforderungsprofile, Tätigkeiten, Arbeitsbedingungen u. a. m. in anderen Ländern und daheim. Dies können Sie durch eine kurze Vorabaufgabe (Einzelarbeit) vorbereiten:

	gefällt mir an diesem Beruf	würde mich stören	ich sehe den Beruf anders
Keller Bürgermeister Galerist			

Wortschatz

7–8   Diese beiden Übungen zum Wortschatz und zur Struktur von Fragen werden als Hausaufgabe schriftlich erarbeitet. Bitten Sie die TN die Wortgruppen aus Aufgabe 8 nicht nur zu schreiben, sondern auch zu lernen (Lösungsschlüssel). Beide Aufgaben bereiten neben der Erweiterung des Wortschatzes eine folgende Sprechaufgabe vor. Die Kontrolle der HA kann mit einem Gespräch im Plenum über „Regeln für Interviewer" beginnen. Signalisieren Sie, dass die

TN möglichst viele der neu erlernten Wortgruppen benutzen mögen.
Der Vergleich der Interviewfragen aus Aufgabe 7 kann in Partnerarbeit stattfinden. Es ist wichtig, dass Fragevarianten natürlich möglich sind.

In diesem Kapitel bietet sich die gute Möglichkeit an, ein gemein-
sames „Kursprodukt" zu erstellen. Solche Aktivitäten tragen entscheidend zum Erkennen des eigenen Lernfortschritts und zu einem
positiven Gruppenklima bei. Geben Sie die Hausaufgabe ein Interview mit einem Lernpartner zum Thema „Mein Tag" vorzubereiten.
Ihre TN können sich dabei an den Buchinterviews und an der Wortschatzarbeit orientieren. In der Folgestunde werden die Interviews
durchgeführt, die Niederschrift erfolgt zu Hause. Die Überarbeitung
der Texte sollte in der Folgestunde mit demselben Lernpartner erfolgen. Er hat so die Möglichkeit, sein Porträt zu lesen und gegebenenfalls sprachlich wie inhaltlich zu korrigieren. Machen Sie daraus
eine Textsammlung in Form einer Kurszeitung oder als Teilnehmer-
report.

Lehr- und Übungsbuch der deutschen Grammatik, neu:
§ 14 I, II Verben mit Akkusativ, Verben mit Akkusativ und Dativ;
§ 63 Gebrauch der Tempusformen
Übungsgrammatik DaF für Fortgeschrittene: § 18 I Objekte;
§ 20 II 1., 2. Zeitstufen – Zeitformen: Präsens, Präteritum, Perfekt
und Plusquamperfekt

10 Alles Geschichte

Kapitelübersicht

1
Diskussion　　　　　Fragebogen

2 – 3
Redemittel　　　　　Erinnerung,
　　　　　　　　　　Gedächtnis,
　　　　　　　　　　Geschichte

4 – 5
Schreiben　　　　　Darstellung　　　　　*Ein Mensch,*
　　　　　　　　　　　　　　　　　　　an den ich mich
　　　　　　　　　　　　　　　　　　　erinnere

6
Bildbeschreibung　　　　　　　　　　　　*Demonstration*

7 – 9
Leseverstehen　　　Sachtext　　　　　*Die geteilte Stadt*
　　　　　　　　　　　　　　　　　　　in einem geteilten
　　　　　　　　　　　　　　　　　　　Land

10 – 11
Wortschatz

12 – 16
Leseverstehen　　　Romanauszug　　　　*Renate Feyl:*
　　　　　　　　　　　　　　　　　　　Ausharren im
　　　　　　　　　　　　　　　　　　　Paradies

Planungsvariante 1
Sprechen **1** ◆ Redemittel **2 – 3** ◆ Schreiben **4 – 5** ◆ Bild **6** ◆ Lesen **7 – 9** ◆
Wortschatz **10 – 11** ◆ Lesen *Literatur* **12 – 16**

Planungsvariante 2
Lesen *Literatur* **12 – 16** ◆ Sprechen **1** ◆ Redemittel **2 – 3** ◆ Lesen **7 – 9** ◆
Wortschatz **10 – 11** ◆ Bild **6** ◆ Schreiben **4 – 5**

Hinweise zu den Aufgaben

Sprechen

1 Erzählen Sie den TN eine Episode aus den letzten Tagen und weisen Sie darauf hin, dass Sie sich mit „Geschichte" im weitesten Sinne befassen wollen. Was darunter zu verstehen ist, wie man dies eingrenzen kann, was alles dazugehört – diese Diskussion können Sie z. B. mit dem Fragebogen (Aufgabe 1) in Gang bringen.

Variante: Vielleicht macht es den TN mehr Spaß, einen eigenen Fragebogen zu entwerfen.

Schritt 1: In Gruppen (ideal wären vier Gruppen à vier TN) werden Fragebögen angefertigt, die eine vorher vereinbarte Zahl (mindestens vier) von Fragen beinhalten.

Schritt 2: Je zwei Gruppen arbeiten miteinander und sammeln die Antworten der anderen Gruppe, so dass je zwei „fremde" TN miteinander arbeiten.

Schritt 3: Die Gruppen besprechen die erhaltenen Antworten und schreiben einen Artikel, der in der Pause an der Pinnwand aufgehängt und damit allen TN zugänglich wird. Wir würden auf eine nochmalige Auswertung im Plenum verzichten.

Redemittel

2 *Schritt 1*
Die TN lesen die Redemittel, markieren und klären Unbekanntes.

Schritt 2
Jeder TN wählt drei verschiedene Strukturen aus um den anderen eine Erinnerung aus den letzten Tagen mitzuteilen. Dies geht besonders gut, wenn
– die TN in Paaren sich gegenüberstehen und
– zunächst der eine seine Erinnerung erzählt, sein Partner hingegen aktiv zuhört, ohne das Gehörte zu unterbrechen bzw. zu interpretieren.
– Dann wiederholt der Partner das Gehörte und bemüht sich, möglichst wortgetreu (hiermit werden die Redemittel sehr intensiv aufgenommen) die Erinnerung des anderen wiederzugeben.

3 *Schritt 3*
Diese Aufgabe bearbeiten die TN zu Hause.

Schreiben

4 – 5   *Schritt 1*

Erzählen Sie den TN von einer Person, an die Sie sich aus irgendeinem bestimmten Grund gern / ungern erinnern. Beschreiben Sie das äußere Erscheinungsbild, die wesentlichen Eigenschaften und Merkmale, erzählen Sie auch, warum Sie sich an diese Person erinnern. Lassen sie während Ihrer Erzählung an der Tafel eine Mindmap mit allen wichtigen Informationen entstehen. Dies soll den TN noch einmal das Vorgehen bei Planungsaufgaben für mündliche und schriftliche Texte vor Augen führen.

Schritt 2

Planen: Die TN erstellen in Einzelarbeit eine Notizen-Skizze zu einer Person, an die sie sich erinnern. Sie berichten einem Lernpartner über diese Person und wenden dabei die Redemittel aus Aufgabe 2 an. Der Lernpartner hat die Aufgabe das Gehörte in Form einer Liste zu notieren. Später können die Listen verglichen und Unstimmigkeiten besprochen werden.

Schritt 3

Als Hausaufgabe sollen die TN ein Lebensbild, eine „Biographie" von ca. 250 Wörtern schreiben.
Variante 1: In manchen Gruppen erzählen die TN nicht gern über ihre Privatsphäre. Hier kann man Fotos verteilen und die Aufgabe als freie Fantasiegeschichte lösen lassen.
Variante 2: Geben Sie den TN geeignete Lexikonartikel von bekannten Persönlichkeiten.
Variante 3: Lassen Sie Biographien von Persönlichkeiten schreiben, die in *einer* historischen Epoche, aber in verschiedenen Ländern gelebt haben (im Heimatland, einem deutschsprachigen Land, in weiteren Ländern).
Variante 4: „Eine Person, die in meinem Leben gefehlt hat" – Lassen Sie Personen entstehen, denen TN gern begegnet wären (Großmutter, Vater, Geschwister, Zwillingsschwester / -bruder, Lehrer u. a. m.).

Schritt 4

Überarbeiten: Jeder TN sollte den Entwurf eines anderen lesen und Anmerkungen sowohl inhaltlicher als auch sprachlicher Art machen. Da die TN im Laufe des Kurses oft vor der Aufgabe standen, sich mit den schriftlichen Arbeiten anderer auseinanderzusetzen, haben Sie sicher schon einen gruppentypischen Rhythmus für diese Aufgaben gefunden. Versuchen Sie die TN dahingehend zu orientieren, dass sie mit möglichst vielen TN der Gruppe einmal gearbeitet haben.

Bildbeschreibung

6   *Schritt 1*

Das Foto ist ein anschauliches Beispiel für ein „erzählendes" und dabei einen genauen historischen Moment markierendes Foto. Bringen Sie zunächst Vorkenntnisse und Interessen Ihrer Gruppe und Ihren eigenen Input in einem Gespräch zusammen, das Sie als Assoziogramm um das Item „DDR" herum an der Tafel festhalten. In Zusammenhang mit diesem Thema gibt es stark voneinander abweichende Informationsgrade in einer Lernergruppe und auch zwischen Lernergruppen – stellen Sie sich auf Ihre Gruppe ein.

Hintergrund Der 7. Oktober 1989 war der 40. Jahrestag der Gründung der DDR und wurde als Staatsfeiertag begangen. Zu dieser Zeit war die innenpolitische Lage der DDR schon sehr instabil. Tausende DDR-Bürger hatten sich in die Botschaften der Bundesrepublik in Prag und Budapest begeben und verlangten freie Ausreise nach Westdeutschland. Montag für Montag demonstrierten Tausende DDR-Bürger in allen großen Städten für mehr Demokratie und Freiheit. Außenpolitisch hatten sich die Konstellationen verschoben: Über 40 Jahre war die DDR treu und ergeben der Sowjetunion gefolgt. Nun war jedoch die Sowjetunion mit ihrer Glasnost- und Perestrojka-Politik auf Reformkurs gegangen, während sich die „verspätete" DDR-Führung darauf noch nicht einlassen mochte (Gorbatschow: „Wer zu spät kommt, den bestraft das Leben"). Zum ersten Mal in ihrer Geschichte folgte die DDR dem „großen Bruder" nicht. Ein führender Ideologe ließ damals verlauten, dass „Tapetenwechsel in einem Nachbarland nicht Tapetenwechsel bei allen Bekannten heißen muss". Es kam zu paradoxen Vorgängen: Sowjetische Zeitungen, Bücher und Filme – über Jahrzehnte von der Parteiführung als Propaganda verbreitet – wurden nun verboten, da sie demokratische Ideen verbreiteten. Die Bürger mussten sich isoliert fühlen. Der 40. Jahrestag der DDR war als aufwendig inszenierte Großkundgebung nur noch mit erheblichem Polizeiaufgebot durchführbar – eine Farce, obwohl noch niemand mit dem späteren Zusammenbruch des Regimes rechnete. Noch war die Auseinandersetzung nicht entschieden. Zu diesem Zeitpunkt schien es eher der Scheideweg zwischen einer harten, unnachgiebigen Diktatur und einer Lockerung und Demokratisierung. An eine Auflösung dachte damals noch niemand.

Schritt 2

Projizieren Sie nun das Bild. Beschrieben wird es es als Kettenübung im Plenum.

Leseverstehen

7 – 9   Dieser Sachtext beschreibt, ähnlich wie das Foto, einen historischen
Augenblick, nämlich die Öffnung der Mauer. Wie ist das
eigentlich genau vor sich gegangen? Dieser Frage geht die klassische
Rasteraufgabe 8 nach (Einzelarbeit). Gemeinsam können Sie Aufgabe 9 besprechen, 10 und 11 eignen sich als Hausaufgabe.

Leseverstehen

12 – 16   Wir begeben uns jetzt von der historiografischen Ebene in einen
literarischen Text, der die Gefühlswelt und die Konflikte von
konkret vorstellbaren Menschen in jener historischen Situation beschreibt und verarbeitet. Aufgabe 12 a) ruft dazu auf, vor dem Lesen
einige Hypothesen zu bilden; gönnen Sie Ihren TN die Zeit, ein
wenig zu spekulieren: *Wer könnte ... Was ... Warum ...?* Es bietet
sich an, den Auftrag zum kursorischen Lesen in Aufgabe 12 b) unter
Zeitdruck, also beispielsweise während der Unterrichtsstunde, zu
erledigen; zu Hause werden dann die Aufgaben 13 und 14 bearbeitet, 15 wiederum gemeinsam im Kurs.

Anstelle von Aufgabe 16 ist folgende Variante denkbar: Der vor-
liegende Text ist nur ein Ausschnitt aus dem Roman „Ausharren im
Paradies". Lassen Sie Ihre TN in Gruppen verschiedene Teile des
Romans schreiben und dann zum „Roman des Kurses" zusammen-
stellen. Hinweise gibt der im Lehrbuch abgedruckte Auszug.
Mögliche Themen:
Gruppe 1: Alltag der Familie Kogler in der DDR in den siebziger
               Jahren
Gruppe 2: Die gefahrenvolle Flucht Eddas aus der „eingemauerten"
               DDR
Gruppe 3: Ein Gespräch der Schwestern Katharina und Edda über
               die vergangenen Jahre
Gruppe 4: Edda erzählt New Yorker Freunden von ihrem Besuch
               in Berlin
Gruppe 5: Ein „Bettgespräch" der Koglers – Rückschau und
               Zukunftsgedanken.

Hörfelder: Hörtext 20; Hörtext 21
Lehr- und Übungsbuch der deutschen Grammatik, neu:
§ 29 Nebensätze der Folge
Übungsgrammatik DaF für Fortgeschrittene:
§ 13 V Konsekutivsätze

Box Bildung von Arbeitsgruppen

Gruppenbildung
Um dem Prinzip der Handlungsorientierung im Unterricht in der
Mittelstufe weitgehend gerecht werden zu können, bietet es sich oft
an, Texte bzw. Aufgaben arbeitsteilig zu bearbeiten, denn so ergibt
sich ein echter Anlass zur Kommunikation im Sprachunterricht.
Daneben ermöglicht die Arbeit in Gruppen, dass mehrere TN gleichzeitig sprechen. Sprechen ist oft jene Fertigkeit, die den TN veran-
lasst, einen Sprachkurs zu besuchen. Sprechen will und kann er nur
mit anderen – natürlich möchten viele TN das am liebsten nur mit
dem Lehrer. Um dem TN Enttäuschungen zu ersparen und gleichzeitig die Lust am Lernen in einem Kurs zu fördern, sollten wir viel-
fältige Arbeitsformen und ideenreiche Aktivitäten zur Bildung von
Kleingruppen anwenden. Eine ständig wechselnde Methode der
Gruppenbildung ist auch wichtig, damit im Kurs immer wieder neue
Kommunikationssituationen entstehen können.

Es hat sich in unseren Kursen bewährt von Kursbeginn an darum
zu bitten, dass jeder TN nach der ersten Kurswoche bei jeder Ver-
anstaltung auf einem anderen Platz mit anderen Nachbarn sitzen
sollte. Nur bei den ersten Treffen gibt es eventuell Zurückhaltung,
später wird dieses Prinzip allgemein als angenehm empfunden.
Ebenso verhält es sich mit den Kleingruppen.

Der Einsatz von Hintergrundmusik fördert die Bereitschaft des
einzelnen, in der Gruppe zu sprechen (s. S. 86): Jeder spricht, stört
jedoch den andern nicht.

1. Fäden: Bringen Sie halb so viele Fäden wie TN mit (alte Paket-
schnur eignet sich vorzüglich). Fassen Sie die Fäden in der Mitte,
so dass beide Enden frei herunterhängen. Die Gruppe steht im
Kreis um Sie herum. Jeder fasst nun ein Ende, wenn Sie die Mitte
loslassen, ist jeder mit einem anderen verbunden. Sie können
sogar die weitere Arbeit hier schon steuern, indem ein Ende mit
einem Knoten versehen ist, und diejenigen, die einen Knoten
fassen, sind zum Beispiel bei einem Interview die Fragenden.

2. Abzählen: Bildung von 4 / ... Gruppen à 4 / ... TN: Die TN zählen
fortlaufend bis vier. Alle TN mit der Zahl 1 bilden eine
Gruppe, ebenso die mit der Zahl 2, dann die mit 3 und zuletzt die
mit der Zahl 4 usw.

3. Puzzle aus Fotos: Zerschneiden Sie vier / ... (Illustrierten-)
Fotos / Postkarten, die vielleicht sogar zum Thema passen, in je vier
/ ... Teile. Die TN gehen durch den Raum und suchen die Partner
mit den passenden Teilen.

Sollen sich nur Partner finden, schneiden Sie die Teile unbedingt zweimal, sonst kann ein zu einfaches Zusammenpassen der Teile verhindern, dass gesprochen wird.

4. Gemeinsamkeiten / Unterschiede
– Gruppe 1 (2, 3, 4): alle, die im Winter (Frühjahr …) geboren sind.
– Gruppe Eisliebhaber (Vegetarier …). Hier sind Ihrer Fantasie und den Themen keine Grenzen gesetzt.
– Auch grammatische Phänomene können so immer wieder geübt werden (*„jmdn. überfahren – überfuhr – hat überfahren; denken – an etwas, sich interessieren – für etwas; Funktionsverbgefüge: Entscheidungen – treffen, zur Kenntnis – nehmen*). Schreiben Sie diese Strukturen auf kleine Karten, die gemischt und neu verteilt werden.
– Schreiben Sie zweiteilige Redewendungen auf Zettel. Jeder TN bekommt einen Teil und muss seinen Partner finden: *Der Krug geht so lange zu Wasser – bis er bricht. Zwei Fliegen – mit einer Klappe schlagen* u. a. m.
– Notieren Sie Redewendungen zweimal auf Karten und legen Sie diese auf einen Tisch. *Schritt 1:* Die TN gehen um den Tisch herum, lesen alle Wendungen und entscheiden sich für eine. *Schritt 2:* Auf Ihre Aufforderung hin nimmt sich jeder eine Karte. Sollte seine Wunschkarte schon weg sein, kann er entweder verhandeln oder muss eine andere suchen. *Schritt 3:* TN mit derselben Wendung suchen einander und arbeiten dann gemeinsam. Beispiele: *Viele Wege führen nach Rom. Aller Anfang ist schwer* u. a. m.

5. Gruppenbildung durch Wahl des Sprachmaterials
Wenn es die Möglichkeit gibt, verschiedene Texte oder Aufgaben zu einem Thema auszuwählen, sollte man die TN durch diese Entscheidung in Gruppen zusammenkommen lassen.

Box Auswertung der Ergebnisse von Arbeitsgruppen

Sicher haben auch Sie schon die enttäuschende Erfahrung gemacht, dass nach einer regen Arbeit in Gruppen beim Vergleich der Ergebnisse plötzlich auf den Gesichtern eher Langeweile als Interesse zu sehen ist. Obwohl alle am Thema interessiert sind, passiert das. Die TN haben intensiv gearbeitet, sie sind stolz auf ihr Produkt und warten aufgeregt auf den Moment des Mitteilens. Das würde auch in der Muttersprache zu einem Kribbeln führen – in der Fremdsprache natürlich erst recht. Es ist nicht Desinteresse, das die Aufmerksamkeit ablenkt, sondern die eigene Spannung.

1. Plenumsvortrag

Das ist die am häufigsten verwendete Methode. Ermuntern Sie die TN ihre Vorträge mit Folien, Abbildungen, einem Tafelbild usw. für alle anschaulicher zu gestalten. In Kursen, in denen das Vortragen ein Lernziel ist, ist vorherige Beratung durch den Lehrer elementar.

Sie können hier „Beobachter" bestimmen, die sich nicht nur auf den Inhalt des Vortrags, sondern auch auf seine Darbietung konzentrieren. Hilfreich sind hier Fragen zum
– Aufbau,
– sprachlichen und außersprachlichen Kontakt zum Hörer,
– Benutzung von Visualisierungsmitteln.

2. Mischgruppen

a) Jeder TN muss für sich persönlich das Ergebnis der Gruppenarbeit festhalten um es mitteilen zu können. (Dies muss Bestandteil der Aufgabenstellung sein.)
b) Die Gruppen werden zur Auswertung neu zusammengesetzt; in jeder neuen Gruppe ist je ein TN aus jeder alten Gruppe vertreten.
c) Formulieren Sie für die neuen Gruppen eine Aufgabe, die neben der Information auch eine weiterführende Zusammenfassung oder eine Darstellung von Unterschieden bzw. Gemeinsamkeiten beinhaltet. Das Ziel kann auch die Vorbereitung einer schriftlichen Hausaufgabe sein, bei der viele verschiedene Informationen aufgearbeitet werden.

3. Wirbelgruppen

Für diese Art des Vergleichens ist es wichtig, schon in der Aufgabenstellung zu formulieren, dass die Ergebnisse der Gruppe auf einem Plakat festgehalten werden müssen, die Ergebnisse aber später jeder allein den anderen mitteilen muss. Wir halten diese Arbeitsform für eine der effektivsten, denn die Arbeit in der Kleingruppe ist von gemeinsamem Denken und Arbeiten bestimmt, jeder ist daran interessiert alles auf dem Plakat zu verstehen. Später wird jeder berichten und das in einer solchen Form, dass er einerseits absolut auf sich gestellt sprechen muss, andererseits der Stress, vor einer großen Gruppe sprechen zu müssen, wegfällt.
a) Bildung der Arbeitsgruppen 1–4 (in jeder Gruppe müssen mindestens so viele TN sein wie es insgesamt Gruppen gibt), siehe dazu Box „Bildung von Arbeitsgruppen".

1	2	3	4
ABCD	ABCD	ABCD	ABCD

b) Arbeit der Gruppen und Fixierung der Ergebnisse in den Gruppen auf einem Plakat.
c) Bildung der Auswertungsgruppen a–d:

a	b	c	d
4xA	4xB	4xC	4xC

d) Die neuen Gruppen versammeln sich jeweils um ein Plakat. Da ein TN der Auswertungsgruppe an diesem Plakat mitgearbeitet hat, wird er nun die Ergebnisse in zirka zwei Minuten den anderen drei mitteilen können. Auf ein akustisches Zeichen durch den Lehrer (Verstummen der Musik, eine Glocke, Klopfen an der Tafel) beenden die Gruppen das Gespräch, erheben sich und wandern im Uhrzeigersinn zum nächsten Tisch, wo ein neues Plakat auf Versprachlichung wartet. *Wichtig:* Die Personen wandern – die Plakate bleiben liegen.

e) An den Informationsaustausch sollte sich nur dann ein kurzes Plenum anschließen, wenn die Teilnehmer bestimmte Fragen noch besprechen möchten oder sie etwas zur Arbeitsform äußern möchten.

4. Messe

a) Die Kleingruppen halten ihre Ergebnisse auf großen Plakaten fest.

b) Die Plakate werden anschließend im Raum so aufgehängt, dass mehrere TN zur gleichen Zeit bequem davor stehen können, ohne die Betrachter eines anderen Plakats zu stören.

c) Alle TN besichtigen mit Notizzetteln die einzelnen Messestände und lesen die Plakate. Sie notieren sich Fragen zu den Plakaten und überlegen, welche Idee / welchen Vorschlag usw. sie „einkaufen" würden.

d) Jede Kleingruppe beordert (nacheinander) für je fünf Minuten einen TN neben das Plakat, der auf Fragen der andern antworten kann. Daraus entwickeln sich meist angeregte Gespräche (echte Kommunikation).

e) Daran schließt sich nur dann ein kurzes Plenum an, wenn die Teilnehmer bestimmte Fragen noch besprechen möchten oder sie etwas zur Arbeitsform äußern möchten.

Box Grammatik in der Leselandschaft

In allen Übungen und Aufgaben in **Leselandschaft 1** & **2** sowie in **Hörfelder** ist Grammatik enthalten. Immer können Sie in einem Text oder bei einer Aufgabe / Übung verweilen um ein grammatisches Phänomen zu beschreiben und über seine Intention / Anwendungsmöglichkeiten nachzudenken. Im Folgenden finden Sie eine Auflistung der Lerneinheiten und der darin gehäuft auftretenden Grammatikphänomene. Am Ende eines jeden Kapitels gibt das Lehrerhandbuch Empfehlungen, was in Zusammenhang mit den Texten, Redemitteln etc. behandelt werden könnte: Diese Empfehlungen stehen sowohl in der **Box** als auch am Ende jedes Kapitels im Lehrerhandbuch und beziehen sich auf Dreyer / Schmidt: Lehr- und Übungsbuch der deutschen Grammatik, neu, Verlag für Deutsch

[717] und Hall / Scheiner: Übungsgrammatik für Fortgeschrittene, Verlag für Deutsch [642].

Leselandschaft 1

Kapitel 1

1–2	Präpositionen Ort / Zeit
3	Präpositionen nach Nomen
4–5	Personalpronomen (Wiederholung)
6–10	Konjunktiv II: Wunsch
	Infinitiv mit *zu*
11–14	Nebensätze: *dass, wenn, weil*
	Satzpositionen
	Modalverben (Wiederholung)
16–17	Komparation: Adjektive, Adverbien
	(Indefinitpronomen)
18–23	(Konjunktiv I, Indirekte Rede)
24	Verben + Präpositionalergänzungen
Dreyer / Schmidt	§ 12 Perfekt, Bildung
	§ 1, § 2 Nomen, Deklination (Wiederholung)
	§ 53 I, II Konjunktiv II
	§ 6 V, 3 Modalverben, Konjugation
	§ Modalverben, Bedeutung
Hall / Scheiner	§ 6 I 1, II (1), (10), (11), (13) Konjunktiv II
	§ 8 I, II, III Modalverben

Kapitel 2

1	Fragesätze mit Fragewort (Wiederholung)
2	Zahlwörter
3–6	(Wortbildung)
	trennbare Verben
	Verben mit Präfixen
10–13	Interpunktion
14	Adverbien
15	Nebensätze, kausale
Dreyer / Schmidt	§ 7 Trennbare Verben
	§ 8 Untrennbare Verben
Hall / Scheiner	§ 3 Trennbare / Untrennbare Verben

Kapitel 3

1–5	Präteritum / Perfekt – Textsorte
6–7	Konjunktionen, adversative
	Präpositionalgefüge, adversativ
8	Fragesätze mit Fragewort
10–11	Konjunktionen: *und; sowohl ... als auch; dass*

12–13	(Wortbildung)
	Satzpositionen
	Präteritum / Perfekt
Dreyer / Schmidt	§ 23 V, § 26 II (Anmerkung) Konjunktionen:
	Gegensätze; Unterschiede
Hall / Scheiner	§ Perfekt mit *haben* und *sein*
	(Wiederholung)
	§ 17 I Satzverbindungen und Satzgefüge

Kapitel 4

2–3	Präpositionen mit Genitiv (*trotz*)
4–9	Nomen: Deklination
	Genitiv
	Nebensätze: Konditional *wenn*
	Nebensätze: Relativsätze *wer*
10–14	Adjektivdeklination
	Wortbildung: Verb: Nominalisierung
	Personalpronomen: *Sie*
	Phraseologismen (Funktionsverbgefüge:
	Bankrott gehen, Angebot machen ...
	und idiomatische Verb-Nomen-Verbin-
	dungen)
Dreyer / Schmidt	§ 28 Nebensätze, konditionale
	§ 14 I, § 15, § 16 II *dass*-Sätze
Hall / Scheiner	§ 13 VI Konditionalsätze
	§ 17 II Untergeordnete Konjunktionen

Kapitel 5

2	Nomen: Plural / Abstrakte ohne Plural
3–6	Nebensätze: *dass*
7–10	Präpositionen des Ortes (lokal)
	Wechselpräpositionen
	Personalpronomen: *ich*
	Direkte Rede
	(Wortbildung: Genus Wortfamilie: *Stadt*)
	Modalverben: Konjunktiv II
Dreyer / Schmidt	§ 57 Präpositionen
	§ 58 Präpositionen mit dem Akkusativ
	§ 59 Präpositionen mit dem Dativ
	§ 60 Präpositionen mit Akkusativ und Dativ
	§ 4 Deklination der Personalpronomen
	(Wiederholung)

Kapitel 6

6–7	Zukunft – Futur
8–10	Adjektive mit Präpositionen
11	Nebensätze: *dass*
	Indirekte Fragesätze

13–18	Phraseologismen (Funktionsverbgefüge und idiomatische Verb-Nomen-Verbindungen)
19–20	Nomen; -in, feminine Formen
21	Adverbien: *nur, immerhin*
Dreyer / Schmidt	
	§ 56 II Indirekte Frage
	§ 21 Futur I
Hall / Scheiner	§ 7 Indirekter Fragesatz

Kapitel 7

2–4	Phraseologismen (Funktionsverbgefüge und idiomatische Verb-Nomen-Verbindungen)
5	Nebensätze, Relativsätze
	Futur: Funktion
7–8	(Wortbildung)
9–12	Konjunktiv I, Funktion
14	Präsens, Vergangenheit: Funktion im Bericht
15	Nebensätze, konditionale *wenn*
16–17	Passiv: Funktion, Stil
Dreyer / Schmidt	§ 52 Konjunktiv
	§ 55 Konjunktiv I
	§ 19 Passiv
	(§ 13 transitive und intransitive Verben, Wiederholung)
Hall / Scheiner	§ 7 Konjunktiv I
	§ 4 I Gebrauch des Passivs

Kapitel 8

3–8	Personalpronomen: *du* / unpersönlich
	Formen der Verneinung: *kein / nicht / kein – sondern*
	Artikel, Gebrauch
12–13	(Wortbildung: -*ung*)
14–16	(Wortbildung: Nomen → Adjektiv)
	Nebensätze: kausale *da, weil*
	Präpositionen mit Genitiv *wegen*
	lassen (als Passiversatzform)
Dreyer / Schmidt	§ 22 I Satzstellung, Anmerkung 4: Negation
	§ 3 II *kein*
	§ 39 III 2 *kein*
	§ 27 Kausale Nebensätze
	§ 61 3 *wegen*
Hall / Scheiner	§ 19 I, II, III *sondern*
	§ 13 II Kausalsätze

Kapitel 9

1–3	Wortbildung: Wortfeld / Wortfamilie
4–6	Präsens – Präteritum – Perfekt: Funktion
7–8	Phraseologismen (Funktionsverbgefüge und idiomatische Verb-Nomen-Verbindungen)
9	Satzverbindungen (Konjunktionen, Konjunktionaladverbien)
12–14	Verben mit Akkusativ
Dreyer / Schmidt	§ 14 I, III Verben mit Akkusativ, Verben mit Akkusativ und Dativ
	§ 62 (III) Verben in festen Verbindungen (Funktionsverbgefüge)
	§ 63 Gebrauch der Tempusformen
Hall / Scheiner	§ 18 I Objekte
	§ 20 II 1., 2. Zeitstufen – Zeitformen: Präsens, Präteritum, Perfekt, Plusquamperfekt

Kapitel 10

4–5	Verben, reflexive
7–9	reflexive Verben: Satzposition
10–11	Adverbien
12–16	Präteritum und Plusquamperfekt: Zeitenfolge in Textzusammenfassung
	Nebensätze: *dass, so dass*
	(Wortbildung *-un*)
Dreyer / Schmidt	§ 29 Nebensätze der Folge
Hall / Scheiner	§ 13 V Konsekutivsätze

Leselandschaft 2

Kapitel 1

1–2	Adverbien / adverbiale Angaben
3–5	(verkürzte Sätze)
6	(Wortbildung)
	indirekte Fragesätze
	Nebensätze: *als*
	Infinitiv mit und ohne *zu*
	Nebensätze temporal und konditional: *wenn*
	Modalsatz: *indem, nach, durch*
	Konjunktionaladverb: *dabei*
8	Fragesatz mit Fragewort
	Konjunktiv II
9	Präteritum (im Märchen)

10 – 18	Nebensätze *weil; als dass*
	Adverbien: *einerseits*
	Fragesätze mit und ohne Fragewörter:
	Satzpositionen
	Modalverben
19 – 22	Konjunktionen: *entweder – oder*
23 – 24	Verben mit Präpositionen
	(Präpositionalergänzung)
	Modalverben
	Wortbildung, Wortfamilie
Dreyer / Schmidt	§ 26 I Temporale Nebensätze
	§ 16 Verben mit Infinitivkonstruktionen
Hall / Scheiner	§ 13 VIII Temporalsätze
	§ 11 Infinitivsätze

Kapitel 2

1	(Wortfamilie *Mut)*
2 – 4	Phraseologismen (Funktionsverbgefüge und
	idiomatische Verb-Nomen-Verbindungen)
	(Wortbildung: Wortfamilie *lernen*)
	Infinitiv – Partizip II
	Phraseologismen (Funktionsverbgefüge und
	idiomatische Verb-Nomen-Verbindungen)
Dreyer / Schmidt	§ 6 I 5 Partizip II / Bildung
Hall / Scheiner	§ 15 Partizip II

Kapitel 3

1 – 3	Phraseologismen (Funktionsverbgefüge und
	idiomatische Verb-Nomen-Verbindungen)
	Konjunktionen: *bevor, während, nachdem*
	Finalsatz *um ... zu*
	Indefinitpronomen
5 – 7	Relativpronomen
	Nebensätze: Relativsätze
	Trennbare Verben
	Verben und Ergänzungen
10	Funktionsverbgefüge
	Relativsätze
	Nebensätze *wenn*
Dreyer / Schmidt	§ 32 Finalsätze
	§ 35 Relativsätze
	§ 39 V c Nullartikel nach Relativpronomen
Hall / Scheiner	§ 14 I Relativpronomen / Relativsätze, II Relativpronomen *wer*, III, IV Relativpronomen *was* und Relativadverbien
	§16 Partizipialsätze
	§ 13 Finalsätze

Kapitel 4

1–3	Passiv
4–8	Passiv und *werden*
9	Passiv
	Infinitiv mit *zu*
Dreyer / Schmidt	§ 19 Passiv
	§ 48, § 49 Passiversatz
Hall / Scheiner	§ 4 I, II, III; IV Passiv
	§ 5 I, II, (III) Passiversatzformen

Kapitel 5

1–3	Vergleich: *als* (Vergleichssätze)
	Adverbien
	Indefinitpronomen
4–8	Verben und Ergänzungen: Nominativ,
	Akkusativ, Dativ und Präposition
	Ordinalzahlen
	Konjunktiv II
11–15	(Ausrufe)
16–17	Präpositionen
	Konjunktionen
	Verben und Ergänzungen
20–21	Phraseologismen (Funktionsverbgefüge und
	idiomatische Verb-Nomen-Verbindungen)
Dreyer / Schmidt	§ 31 I, II Vergleichssatz
	§ 40 Komparation der Adjektive
Hall / Scheiner	§ 13 Adverbialsätze
	(4) 1 Komparativsätze
	(5) Modalsätze

Kapitel 6

1–3	Rektion der Verben: Präpositional-
	ergänzungen
22–32	(Wortbildung: Verben Präfixe
	trennbare Verben
	reflexive Verben
33	Präpositionen
	Adverbien
	Konjunktionen
34–36	Wortbildung: Verb → Nomen: Nomina-
	lisierung
	Satzpositionen: Haupt, Nebensätze,
	Adverbien
Dreyer / Schmidt	§ 14 Rektion der Verben / Wiederholung
Hall / Scheiner	§ 18 I 1. Wortarten
	§ 10 II Nominalisierung

Kapitel 7

2 – 8	Präpositionen
	Adverbien
	Konjunktionen
	Partikeln
9 – 11	Wortbildung *-un:* Antonyme
	Nebensätze
	Infinitiv mit *zu* / Subjektsätze
9 – 14	Weitere Negationsmöglichkeiten
	(Präfixe / Suffixe)
16	Fragesätze indirekte
Dreyer / Schmidt	§ 16 II 4. Gruppe (Subjektsätze)
Hall / Scheiner	§ 12 II Subjektsätze
	§ 19 Weitere Negationsmöglichkeiten

Kapitel 8

5 – 8	Passiv
10 – 14	Aufforderungen (auch Imperativ)
15	Passiv
Dreyer / Schmidt	§ 11 Imperativ
	§ 7 Anm. 2
	§ 8 Anm. 3
	§ 10 Anm. 3
	§ 56 III Imperativ in der indirekten Rede
Hall / Scheiner	§ 7 I, II Aufforderung und Wünsche
	§ 12 II Subjektsätze

Kapitel 9

4	Appositionen
9 – 10	(Wortbildung: Adjektive *Suffixe)*
	Rektion der Verben
11 – 19	Stellung der Satzglieder im Satz
17	Demonstrativpronomen
	Relativpronomen
	Konjunktionen / Satzpositionen
Dreyer / Schmidt	§ 36 I, II, III Demonstrativpronomen
	§ 35 I Relativpronomen
Hall / Scheiner	§ 18 I Wortarten: Demonstrativpronomen, Relativpronomen
	§ 18 II Verteilung und Stellung der Satzglieder im Satzfeld

Kapitel 10

1	Adverb / Adjektiv
4 – 7	Phraseologismen (Funktionsverbgefüge und idiomatische Verb-Nomen-Verbindungen)
	Wortbildung: Komposita
	Artikel / Nullartikel

9–14	Infinitiv
	Partizip II
	Passiv
	Verben mit Präposition
Dreyer / Schmidt	§ 42 Adverbien
	§ 43 Adverbien mit Dativ
	§ 44 Adverbien mit Akkusativ
Hall / Scheiner	18 I 1. Wortarten (Adverbien)
	3. Attribut als Teil eines Satzgliedes
	(Adverbien)

Kapitel 11

6–8	Attributsätze
9–14	Satzpositionen
	lassen + Infinitiv
16–20	Zeitadverbien
	Konjunktion: *weder ... noch*
	Konjunktion: temporal *wenn*
Dreyer / Schmidt	§ 6 Konjugation der Verben
Hall / Scheiner	§ 20 Zeitstufen - Zeitformen
	(Wiederholung)
	§ 12 IV Attributsätze
	§ 12 I, II, III (Wiederholung)

Kapitel 12

5–9	Präfixe und trennbare Verben
11–14	Verben reflexive
	Präteritum – Präsens
Dreyer / Schmidt	§ 10 reflexive Verben (Wiederholung)
Hall / Scheiner	§ 1 I 3; II 10 Perfekt der reflexiven Verben,
	Reflexive Verben der Fortbewegung

Box Hörverstehensprogramm zur Leselandschaft

Unter dem Titel **Hörfelder** ist das Hörverstehensprogramm für die
Mittelstufe erschienen. Dieses Programm beinhaltet 22 Hörtexte mit
einer Gesamtlaufzeit von 3 1/2 Stunden. In dem Buch **Hörfelder**
sind die Texttranskriptionen, die Aufgabenstellungen als Kopiervor-
lagen und der Lösungsschlüssel abgedruckt. Mit dem Hörverstehensprogramm werden die für den Mittelstufenunterricht relevanten
Formen des Hörens, nämlich das kursorische, das selektive (selegierende) und das totale (detaillierte) Hören trainiert. Angewendet
werden diese Hörstrategien bei Texten unterschiedlichster Sprach-
register. Wie mit den Hörverstehenstexten gearbeitet werden soll,
ist dem Vorwort von Hörfeldern zu entnehmen. Die Aufgabenstel-

lungen gliedern sich grundsätzlich in drei Arbeitsbereiche: *Vor dem Hören, beim Hören* und *nach dem Hören.* Die Hörverstehenstexte sind thematisch den einzelnen Kapiteln der Leselandschaft zugeordnet (siehe auch am Ende der Kapitelkommentare in diesem Handbuch).

Box Hörverstehen in der ZMP

Dieser Prüfungsteil hat eine Prüfungsdauer von etwa 30 Minuten. Zunächst hört der Prüfungskandidat einen kurzen Text und hat diesem Text bestimmte Informationen zu entnehmen: Prüfung des selegierenden Hörens (Dauer des Subtests: 10 Minuten). Anschließend ist ein längerer Text zu hören, wobei Mehrfachwahlaufgaben und Zuordnungsaufgaben zu lösen sind. Diese Aufgaben prüfen das kursorische und detaillierte Hören.

Box Was versteht man unter Hörverstehen?

Hörverstehen ist der verstehende Umgang mit Gehörtem. Hören an sich zeichnet sich dadurch aus, dass man fast ständig hört, oft ohne etwas zu hören (Geräuschkulisse). Das „Gehörte" nimmt man in unterschiedlicher Intensität wahr. Es geschieht vom Sich-Orientieren und Selektieren zwischen „interessiert mich" und „interessiert mich nicht", bis hin zum geplanten bewusst erlebten Liederabend (Interesse an Details). Die Erscheinungsformen des Hörens zwischen diesen beiden Polen sind mannigfaltig. Hören verfolgt immer auch ein Ziel: Nach diesem Ziel richtet sich die Art des (Zu-)Hörens.
   Da sich Hören sowohl in der Muttersprache als auch in der Fremdsprache trainieren lässt, hat man versucht, das Hörverstehen zu strukturieren: Das Ergebnis sind (Hör)verstehensstrategien, die sich in folgende vier Gruppen gliedern lassen: Orientierendes Hören, Selegierendes (Selektives) Hören, Kursorisches Hören, Detailliertes (Totales) Hören.
   Was genau ist unter diesen Begriffen zu verstehen?

Orientierendes Hören
Beim orientierenden Hören wird das Gehörte nach Oberbegriffen, thematischen Zusammenhängen ... usw. vorsortiert. Dabei wird weder auf Einzelinformationen noch auf Hauptaussagen geachtet: *Sie hören im Radio den Beginn einer Sendung: Sie erkennen, es handelt sich um eine Buchbesprechung. Ihre Reaktion: Das wäre etwas für eine Ihrer Freundinnen – hören selber aber nicht weiter zu.*

Selegierendes Hören

Das selegierende Hören sucht Antworten auf Fragen, die schon vorher festgelegt sind. Meistens handelt es sich dabei um Zahlenangaben, Daten usw.

Es gibt mittlerweile unzählige städtische wöchentlich erscheinende Zeitungen, die nach Warenart sortierte Kleinanzeigen enthalten. Interessierte lesen diese Anzeigen, markieren die sie ansprechenden Angebote und rufen unter der jeweils angegebenen Nummer an: Interesse hat man an der Marke des angebotenen Artikels, Alter, gegebenenfalls Maße, Preis; dann Name und Adresse des Anbieters. Datum und Uhrzeit der Besichtigung. Das, was Sie nach dem Telefonat auf Ihrem Zettel stehen haben, ist das Ergebnis des selegierenden Hörens. Alle anderen möglichen Gesprächsinhalte sind für den Anrufer *nicht* von Interesse.

Kursorisches Hören

Dabei geht es um die Hauptaussagen eine zusammenhängenden Hörtextes.

Stellen wir uns vor, Sie hören jetzt die Buchbesprechung. Sie konzentrieren sich beim Zuhören auf die Kernaussagen des Kritikers, welche Art von Buch (Biographie, Roman, Kurzgeschichte, Reportage ...), Handlungsfaden, wo spielt die Rahmenhandlung, empfehlenswert oder nicht empfehlenswert ...

Detailliertes Hören

Dabei geht es um das Verstehen auch kleinster Teilaussagen, dem Genuss an stilistischen Merkmalen, um die Aufnahme jeder Teilinformation. Vortrag eines Fachmanns zu einem Thema, mit dem Sie sich seit langem beschäftigen.

Anmerkung: Diese vier Strategien sind selten isoliert zu beobachten, sondern befinden sich in einem steten Wechsel, die Grenzen zwischen orientierendem und selegierendem bzw. zwischen selegierendem und kursorischem Hören sind manchmal nicht ganz genau zu definieren, oft ist der Wechsel schnell.

Box Kunstbild

Kunstbilder sind vergleichsweise einfach zugänglich und – keine Frage – bereichern Ihren Unterricht, geben ihm möglicherweise eine weitere, sonst unangesprochene Dimension, welche Epoche, welchen Künstler und welches Werk Sie auch wählen: Albrecht Dürers *Bildnis meiner Mutter*, Otto Modersohns *Die Wolke*, August Mackes *Tunis*, Joseph Beuys' *7000 Eichen* – im Kontrast, im Verbund mit Künstlern aus den Heimatländern der TN?

Es dürfte nicht schwer sein, zu den bewusst „archetypisch" gewählten Themen in Leselandschaft wie „Heimat", „Land", „Stadt", „Zeit", „Arbeit" u. a. m. ein passendes Kunstbild zu finden. Sie brauchen als nicht unbedingt bis zur letzten Lektion des zweiten Bandes – wo Kunst als solche thematisiert wird – damit zu warten. Sie müssen diese Bilder auch nicht selbst suchen, bitten Sie Ihre Teilnehmer.

Was man alles (auch) mit Kunstbildern machen kann:

1. Heften Sie das Bild als Poster oder etwas vergrößert in die Mitte der Tafel und bitten Sie die TN, das Bild rundherum weiterzuzeichnen. Jeder darf zeichnen, was ihm gefällt, aber nur wenn alle anderen damit einverstanden sind, das bedarf ausführlicher Kommunikation (siehe ZMP mündlicher Ausdruck – etwas aushandeln). Besonders geeignet sind hierfür vergrößerte Schwarz-Weiß-Kopien.

2. Wählen Sie ein Bild mit einer Szene aus einem Handlungszusammenhang.
   Stellen Sie dem Plenum die Fragen *Was war vorher? – Was kommt danach?* Die TN sollen in Gruppen mögliche Handlungszusammenhänge erfinden und sprachlich als Story, Dialog, inneren Monolog formulieren.
   Variante: Lernpartner einigen sich auf die passenden W-Fragen und beantworten die dann. Daraus entsteht eine kleine Story.

3. Nehmen Sie ein Porträt, hinter dem Ihrer Meinung nach ein interessantes Leben steckt. Fragen Sie Ihre TN, wie sie sich das Leben dieser Person vorstellen. Mit Hilfe einer Zeitleiste sollen sie einen Lebenslauf erfinden.

4. Suchen Sie ein zum gerade aktuellen Gesprächsthema passendes Bild, auf dem mehrere Figuren, möglichst Frauen und auch Männer zu sehen sind, und bitten Sie die TN, die Figuren zum Leben zu erwecken.

   Schritt 1
   Bilden Sie Gruppen mit so vielen TN wie Personen auf dem Bild zu sehen sind.

   Schritt 2
   Jeder TN identifiziert sich mit einer Person. Die TN einigen sich auf einen möglichen Gesprächsverlauf.

Schritt 3

Als erstes sollen die Gruppen nun das Bild als Standbild nachstellen. Von dieser erstarrten Position geht das Gespräch hervor; wenn es dann zu Ende ist, erstarrt das Bild wieder.

Diese Methode – aus der Dramenpädagogik – gibt den TN Sicherheit beim Sprechen. Jeder von uns kennt das unangenehme Gefühl, das entsteht, wenn TN Dialoge / Szenen vorbereiten und anschließend spielen. Bei einer längeren Pause weiß man oft nicht, ob sie schon fertig oder nur vorübergehend aus der Rolle gefallen sind. Durch die „Standbild-Methode" bekommt das Gespräch einen Rahmen, an dem sich TN und Lehrer orientieren können.

Wichtiger Hinweis: Es ist in jedem Fall darauf zu achten, dass das gewählte Kunstbild im Hinblick auf die Aufgabenstellung sprachlich ergiebig ist.

Variante: Schritt 1 und *Schritt 2* unverändert.
Schritt 3: Zunächst werden zum Standbild von „Souffleusen" zu jeder Person ein, zwei passende Sätze gesprochen.

Ähnliches kann man natürlich nicht nur mit Kunstbildern machen. Einige Bilder in Leselandschaft eignen sich auch dazu: Zum Beispiel scheint das Frauengesicht auf dem Filmplakat *Heimatlos* (Bd. 1, Kap. 3) zur Aufzeichnung einer Lebensgeschichte sehr gut geeignet zu sein. Das Bild „Gänsemutter" (Bd. 1, L. 7) oder die Bilder zur Politik-Lektion (Bd. 2, Kap. 6) könnte man ebenso gewinnbringend versprachlichen.

Box Leselandschaft und die **neue Zentrale Mittelstufenprüfung (ZMP)**

Mit der **Leselandschaft** und dem Hörverstehensprogramm **Hörfelder** (Verlag für Deutsch, München 1997) können Sie Ihre TN in aufeinander aufbauenden Schritten zur Zentralen Mittelstufenprüfung (ZMP) des Goethe-Instituts (revidierte Fassung) führen:

- **zu den Leseverstehenstests (s. o.)**
- zu den Hörverstehenstests
- zur schriftlichen Prüfung (s. u.)
- zur mündlichen Prüfung (s. u.)

* Goethe-Institut
Zentralverwaltung:
Zentrale Mittel-
stufenprüfung.
Prüfungsziele und
Testbeschreibung.
München 1996.
Immer wenn auf
die ZMP verwiesen
wird, bzw. zur
ZMP zitiert wird,
beziehen wir
uns auf diese
Publikation.

Wenn Sie den Themenkatalog zur revidierten ZMP* inspizieren,

- (1) Persönliche Daten und Verhältnisse
- (2) Wohnen, Umwelt
- (3) tägliches Leben, Arbeit
- (4) Freizeit, Unterhaltung
- (5) Reise
- (6) Beziehungen zu anderen Menschen, Kultur, Tradition
- (7) Gesundheit und Hygiene
- (8) Erziehung, Ausbildung, Lernen
- (9) Konsum, Handel
- (10) Ernährung
- (11) Dienstleistungen
- (12) Orte
- (13) Sprache, Kommunikation
- (14) Klima

werden Sie durch einen Blick in das „ausführliche Inhaltsverzeichnis" der **Leselandschaft** (im Band 2) dieselben Themenfelder wiederfinden, naturgemäß anders gruppiert, akzentuiert und erweitert.

Box Leselandschaft und Leseverstehen in der ZMP

Die Leseverstehensaufgaben in der ZMP teilen sich in vier Subtests, so dass insgesamt ein flexibler Umgang mit Lesestrategien abgetestet wird. Die nachfolgende Tabelle zeigt Ihnen, welche Lehrwerktexte den jeweiligen Subtest vorbereiten, z.T. mit unterschiedlichen Schwerpunktsetzungen:

Zentrale Mittelstufenprüfung	Hinführungsaufgaben in der Leselandschaft (Band/Lektion) u. a.:
Subtest 1: selektive Informations entnahme aus Kurztexten / Zuordnen	Nachts nach Paris (1/1) Leselust (1/2) Heimat (1/3) Warten auf die große Stadt (1/5) Meine Frau .../Karriere ... (1/6) Mein Tag (1/9) Am Abend des 9.11. ... (1/10) Was ist Glück? (Wimmeltext, 2/1) Was blieb von der Schulzeit? (Wimmeltext, 2/2) 16 Kurzporträts (Wimmeltext, 2/6) Mega-Trends (Wimmeltext, 2/10)
Subtest 2: Hauptaussagen und Einzelheiten entnehmen aus Reportagen, Sachbuch u. ä. / Lücktentext	Es gibt Geheimnisse auf dieser Welt (1/1) Neue Landjugend (1/3 Kommen, geben und etwas mitnehmen (1/8) Ausharren im Paradies (1/10) Nicht das Allerweltsglück (2/1) Was ist Mindmapping? (2/2) Ich und mein Computer (2/3) Ein Tag im Multimediareich (2/3) Jeder bekommt den gleichen Lohn (2/4) Ach du liebe Zeit (2/5) „Das Geheimnis des Erfolges ist der Fleiß" (2/6) Warum können wir der Schokolade nicht widerstehen? (2/7) Mediation: Wenn zwei sich streiten ... (2/8) Gut getauft ist halb gewonnen (2/10) Highway durch Moskau (2/12)
Subtest 3: Erkennen von Standpunkten in Kommentaren, Rezensionen u. ä. / Unterscheidung richtig-falsch	Michael Hamburger: Der Pavillon des Braunen Kranichs (1/3) Sarah Kirsch: Im Sommer (1/4) Wie Greenpeace zu einem Auto kam (1/7) Peter Hamm: Loctudy/Bretagne Sommer 1979 (2/1) Jürgen Becker: Geschäftsbesuch/Konferenz (2/6) Filmkritiken zu „Das Versprechen" (2/9) Wir lieben den Stau (2/10) Reiner Kunze: Orientierung in Marseille (2/10)
Subtest 4 Textergänzung bei einem Bericht *o. ä. / Lückentext*	Das Amt des Hohen Flüchtlingskommissars (1/3) Der Mordsspaß an der Todesgefahr (2/1) Ein Zukunftsmodell für den Verkehr (2/10)

Box Leseverstehen

*Christine Nuttall:
Teaching Reading
Skills in a foreign
language. New edition,
Oxford: Heinemann
1996, S. 229*

The best teachers of reading are also reading teachers, in the sense that they are teachers who read. (...) If the teacher is seen to read with concentration, to enjoy reading and to make use of books, newspapers and so on, the students are more likely to take notice of her when she urges them to do the same.

*Hans-Eberhard Piepho:
Leseimpuls und
Textaufgabe. In: Fremd-
sprache Deutsch
2/1990, S. 4 – 5*

In der Muttersprache bestimmt die Leseabsicht also deutlich den Lesestil. (...) Den individuellen Impuls ersetzen wir im (Fremd-sprachen-)Unterricht durch die Textaufgabe, die so beschaffen sein muss, dass sie Leseabsichten und Lesestile auslösen und den Bearbeitungsmodus lenken kann.

*Francoise Grellet:
Developing reading
comprehension,
Cambridge 1981, S. 3*

Understanding a written text means extracting the required information from it as efficiently as possible.

Textverarbeitung: Top down und bottom up

Ein fortgeschrittener Lerner sollte (weitaus) größere Textmengen lesend bewältigen können, als ihm auf den ersten Schritten in die neue Sprache zugemutet worden ist. Dies kann nur gelingen, wenn er seine Perspektive auf den Text verändert. Größere Textmengen können nicht mehr aus der Perspektive des detailfixierten, mit dem Vergrößerungsglas den Boden absuchenden „Botanikers" unter die Lupe genommen werden – jedenfalls nicht zeitökonomisch. Gefragt ist vielmehr die „Vogelperspektive", die zunächst den Text als Ganzes im Blick hat, bevor einzelne Teile davon oder der Text als Ganzes in seinen Einzelheiten untersucht wird. Anders gesagt: Der fortgeschrittene Lerner sollte darin unterstützt werden, „absteigende Textverarbeitung" (top-down processing) anstelle „aufsteigender Textverarbeitung" (bottom-up-processing) zu praktizieren.

Daher finden Sie in der Leselandschaft *längere*, d. h. Grund-stufenumfang deutlich überschreitende Texte und *zahlreiche Aufgaben*, in den top-down-processing an erster Stelle steht. Lesen Sie jetzt die **Box** *Lesestrategien.*

Box Lesestrategien

Leselandschaft führt drei Lesestrategien ein und macht diese transparent. In der allerersten Lektion findet sich je ein Beispiel für
- das selektive
- das kursorische und
- das totale Lesen.

Diese Strategien werden im Laufe von **Leselandschaft 1** immer wieder angesprochen (im zweiten Band nicht mehr).

   Nicht selten begegnen wir völlig strategielos agierenden Lernern, die sich frustriert durch Mengen „unbekannter" Wörter quälen, stets oben links mit dem Lesen beginnend. Diese lernen hier funktionale Hilfen kennen. Insgesamt kommt es jedoch, jeweils mit Blick auf die konkrete Lerngruppe, darauf an, den flexiblen Einsatz von Strategien zu unterstützen: Will ich etwas Bestimmtes von diesem Text? Was? Wie komme ich zum Ziel?

Orientierendes Lesen: Unter dem orientierenden Lesen versteht man, dass auf Grund eines Schlagwortes ein Text, ein Printmedium usw. in ein bestimmtes Raster eingeordnet wird. Beispiel: Der Tod kam auf Samtpfoten → Kriminalroman.

Kursorischen Lesen: Beim kursorischen Lesen beschränkt man sich auf die wesentlichen Aussagen, Informationen im Text. Das kursorische Lesen erfasst den Hauptgedankenstrang, den roten Faden eines Textes.

Selektives / Selegierendes Lesen: Beim selektiven Lesen konzentriert sich das Interesse des Lesers auf bestimmte Fakten (Zahlenwerte, Entwicklungstendenzen und ähnliche Datenmaterialien bzw. andere Einzelinformationen), die auf Grund einer bestimmten vorher definierten Fragestellung für den Leser von Interesse sind.

Intensives / Detailliertes / Totales Lesen: Hier geht es um das Wort-für-Wort-Lesen, das heißt, um das Verstehen aller Haupt- und Nebeninformationen.

Wichtig an diesen Lesestrategien ist, dass sich das unterschiedliche Leseverhalten auch auf die aufgewendete Lesezeit auswirkt.

   Daher ist es absolut notwendig, sich bei Übungen zu den einzelen Lesestrategien an die Aufgabenstellungen zu halten.

Freilich: Nicht alle Texte wollen – unter rationellem Einsatz von Resourcen, optimiert durch Strategien – auf bloße Nutzanwendung reduziert werden. Es gibt eine Menge anderer Gründe, Texte (in fremden Sprachen) zu lesen …

Box Musik im Unterricht

Musik als Sprechanlass – ein Beispiel für Leselandschaft 1, Kapitel 6 (ca. 30 Minuten, siehe Seite 47)

Bei bestimmten Aufgaben kann ***Hintergrundmusik*** – die möglichst unaufdringlich und immer leise ist – die Arbeit unterstützen:

♦   Bei Aufgaben, in denen die TN beim <u>Kommen und Gehen im Raum</u> einander befragen oder miteinander reden, wo viele auf einmal sprechen, kann entsprechende Hintergrundmusik die Arbeit schneller und frischer machen, sie kann die TN dynamisieren und beim gemeinsamen Gespräch eine angenehme „Klub"-Atmosphäre schaffen.

♦   Bei der Arbeit in Kleingruppen kann eine angenehme, unauffällige, neutrale Hintergrundmusik die TN eher <u>zum Sprechen ermutigen</u> als die Stille im Raum.

♦   Außerdem <u>stört das Gespräch in den Nachbargruppen viel weniger</u>, wenn der Unterrichtsraum von leiser Musik erfüllt wird.

♦   Durch das Ende der Musik, die plötzlich eingetretene Stille im Raum wird <u>das Ende der Arbeitszeit</u> signalisiert.

Manche Musik ist aber für den Einsatz im Unterricht nicht besonders geeignet:
–   große, laute, romantische Töne wirken störend,
–   vokale Musik leitet die Aufmerksamkeit auf den Liedtext um,
–   Kirchenmusik schafft eine unpassende Atmosphäre,
–   süße, „zu schöne" Musik lenkt ab.

Box Pantomime

Wenn Ihre TN gern Pantomime spielen, so können Sie dies zur Vorbereitung eines Textes einsetzen. Beispiel: „Leselust" (Bd. 1, Kap. 2).

Schritt 1
Bilden Sie 4 Gruppen. Schneiden Sie den Text in vier Teile und verteilen Sie die Textteile in den Gruppen. Beauftragen Sie die Gruppen, ihren Text pantomimisch darzustellen, d. h. eine Choreographie zu erarbeiten.

Schritt 2
Bitten Sie die einzelnen Gruppen nacheinander, ihre Passage vorzuspielen. Die anderen Gruppen rätseln und notieren in Schlüsselwörtern, was sie gesehen haben.

Schritt 3

Nun sollte man in der Großgruppe versuchen, den Originaltext zu rekonstruieren.

Schritt 4

Die TN vergleichen die Pantomime bzw. ihre Rekonstruktion mit dem Text im Buch.

In echten Kommunikationssituationen existiert die Sprache nie isoliert, sondern immer durch die Situation, die nonverbalen Zeichen und die Tonführung bestimmt. Daher sollte man versuchen, Sprache auch im Klassenraum zum Leben zu erwecken und sie in ihren Wirkungsmechanismen erfahrbar zu machen.

Box Redemittel

Indem Menschen mit dem Ziel sprechen, sich zu verständigen, führen sie soziale Handlungen aus: sie teilen mit, sie fragen, sie fordern auf, sie raten, sie billigen, sie resignieren usw. In allen diesen Fällen vollziehen sie Verständigungshandlungen, die man Sprechakte nennt. Überall, wo Menschen miteinander reden, geschieht dies in Sprechakten. Man darf annehmen, dass die Intentionen der Sprecher auf der ganzen Welt dieselben sein können: Sprechakte dürfen daher als universelle Kategorien betrachtet werden. Sie haben allerdings je eigene Ausprägungen in den Einzelsprachen.

Ulrich Engel:
Deutsche Grammatik,
Heidelberg 1988, S. 33

Leselandschaft unterstützt intensiv den kontrollierten Erwerb von (an dieser Stelle) so genannten „Redemitteln", d. h. von sprachlichen Strukturen, die in Diskursen unverändert bleiben, obwohl unterschiedlichste Themenbereiche berührt werden (vgl. nachfolgende Liste). Wer in seinem Unterrricht diesen Lektionsteilen große Aufmerksamkeit widmet, wird bei den Lernern ein klares Gefühl für Lernfortschritt erzeugen. Der Verlängerung / Wiederholung solcher Lernsequenzen durch weitere Anwendungsaufgaben sind keine Grenzen gesetzt.

Band	Lektion	Nr	
1	1	6–10	Vorschläge und Reaktionen
		16–47	Im Vergleich
	2	13	Entwicklungen (Statistiken, Schaubilder)
	3	6–7	Unterschiede und Gegensätze
		10	Definitionen
	4	4–9	Meinungspingpong I
	5	3–6	Vorteile, Nachteile
		14	Beratung
	6	11	Thema einleiten, Argumente anführen, Schlussbemerkung
		21	Anteile
	7	2–4	Ursachen und Wirkungen
		15	legal, illegal
	8	12	Beispiele
		17–18	Begründungen
	10	2–3	Erinnerung, Gedächtnis, Geschichte
2	1	19–22	Einschränkungen
	2	10	Kompensationsstrategien
	3	10	Informationen
	4	13–12	Am Telefon
	5	9–10	Prioritäten
		20–21	Termine
	6	4–5	Engagement
		22–32	Entscheidungen
	7	2–8	Meinungspingpong II
	8	10–14	Gesprächssteuerung
		16–18	Missverständnisse
	9	17	Beurteilung
	10	9–14	Vereinbaren
	11	6–8	Trends
	12	5–9	Ideen
		16	Begrüßung, Abschied

Ein immer wieder formuliertes Ziel der TN in der Mittelstufe ist die Vervollkommnung der Sprechfertigkeit. Eine große Schwierigkeit dieser Arbeit besteht zweifellos darin, dass der Lerner Kommunikationssituationen auf einem gewissen, oft aber nicht sehr anspruchsvollen sprachlichen Niveau schon mühelos bewältigen kann. Es muss daher dem Lerner bewusst werden, dass er nun den qualitativen Sprung vom WAS zum WIE zu machen hat. Dabei muss er durch entsprechende Planung vom Lehrer begleitet werden. Wir Lehrer müssen also auch in der Mittelstufe Übungssequenzen von geschlossenen zu offenen Übungen planen. In **Leselandschaft** sind alle Übungen zum Wortschatz bzw. zu den Redemitteln diesem Grundprinzip entsprechend aufgebaut. Sie gehen fast immer folgenden Weg: → *das Bekannte erkennen → das Neue isolieren → repro-*

duzieren → reproduzieren und mit eigenem verbinden → in darauf folgenden Sprech- oder Schreibübungen frei anwenden.

Darum ist die Änderung der Abfolge innerhalb einer Sequenz nicht ratsam. Es soll auch an dieser Stelle noch mal betont werden, dass unserer Erfahrung nach geschlossene Übungen besser mit Themen gelingen, die die Persönlichkeit der TN nicht zu nah betreffen. Offensichtlich kann man sich dann besser auf die sprachliche Form konzentrieren. Siehe dazu auch die Ausführungen zu „BLAU" Leselandschaft 1, Kap. 1.

Wir haben bei den einzelnen Kapiteln des öfteren methodische Möglichkeiten aufgezeigt um die Sprechfertigkeit zu fördern.

Box Schreiben

Uns sollte bewusst sein, dass Schreibaufgaben, die sich auf die Vorgabe eines Themas beschränken, immer nur den aktuellen Sprachstand kontrollieren – solche Aufgaben enthalten keine Hilfen, sie üben nicht, sondern testen. Daher sollte das Schreiben nicht ausschließlich in den Bereich Hausaufgabe delegiert werden; bestimmte Phasen der Texterstellung haben vielmehr ihren Platz im Unterricht.

„Der gute Schriftsteller sagt nicht mehr als er denkt."
Walter Benjamin: Gut schreiben (Aus: Kleine Kunst-Stücke, Leipzig: Insel Verlag 1989, S. 7)

Der Schreibprozess sollte vom Lehrer und der Lerngruppe begleitet und von den TN bewusst mitgeplant werden. Die Arbeit in kleinen Schritten macht diesen Prozess transparent und der zeitliche Rahmen ermöglicht vertieftes Lernen. Die Schritte sind (in Anlehnung an John R. Hayes und Linda S. Flower*):

* *Planen:* a) Ideen entwickeln, zusammentragen, b) strukturieren.
* *Formulieren:* Formulierungen suchen, ausprobieren, überprüfen, Formulierungshilfen nutzen.
* (Abfassen des Textes: individuelle Arbeit, i. d. R. außerhalb des Unterrichts.)
* *Überarbeiten:* inhaltlich, sprachlich, stilistisch.

* Vgl. Klaus Hinz / Petra Schmidt: Prozeßorientierte Schulung der Textproduktion im Englischunterricht der Sekundarstufe II. In: Praxis 1995/1, 13–24)

Dabei bieten sich folgende Vorgehensweisen an:
1. Überarbeitung mit einem Partner.
2. Überarbeitung in der Gruppe: Die Texte werden eingesammelt. Jeder wählt einen fremden Text und überabeitet ihn in einer gewissen Zeitspanne. Danach werden die Texte wieder eingesammelt und neu verteilt, so dass mehrere Personen an einem Text gearbeitet haben. Am Ende bekommt jeder seinen Text und hat die Möglichkeit den Text endgültig zu formulieren.
3. Überarbeitung mit Lehrerhilfe: Der Lehrer sammelt die Texte ein und korrigiert sie so, dass er die Fehler nur signalisiert,

aber nicht korrigiert. Der TN muss dann seinen Text auf dieser Grundlage selbst überarbeiten, wobei er Nachschlagewerke benutzen kann oder sich von anderen TN beraten lässt.

Box Schreiben ZMP – Textsorten und Themen

Prüfungsziel: Geprüft wird die Fähigkeit zum Verfassen eines schriftlichen Textes zu einem vorgegebenen Thema. Dabei soll sich der Prüfungsteilnehmer ausführlich, kohärent sowie partner- und / oder situationsadäquat äußern.

Prüfungsform: Auf der Basis von jeweils fünf Leitpunkten soll der Prüfungsteilnehmer einen schriftlichen Ausdruck von ca. 200 Wörtern Länge verfassen. Zur Auswahl stehen mindestens zwei verschiedene Textsorten, zum Beispiel persönlicher Brief, Leserbrief, Geschäftsbrief, schriftliche Ausarbeitung eines Referats u. ä. Als Stimulus dienen zum Beispiel eine kurze Zeitungsmeldung, ein Brief, eine Graphik o. ä. Adressaten des Textes sind Brieffreund, Zeitungsredaktionen, Klassenkameraden ... u. ä. Als kommunikative Ziele des Schreibens werden realisiert: informieren, erzählen, beschreiben, Stellung nehmen, raten u. ä.

Die nachstehende Übersicht zeigt Ihnen Textsorten und Themen in **Leselandschaft.**

Band	Lektion	Nr	Textsorte: Thema
1	1	4–5	persönlicher Brief: Einladung
		24	Darstellung: Blau
	2	15	Darstellung: Mein Buch
	3	14	Groß- und / oder Kleinschreibung und Interpunktion
	4	18–20	formeller Brief: Informationen einholen
	5	16	Beschreibung: Stadt
	6	12	Stellungnahme: Die (Frauen-)Quote
	7	13	Stellungnahme: Roboter am Abgrund
	8	19	Darstellung: Wertewandel
	9	15	persönlicher / formeller Brief: Terminverschiebung
	10	5	Biographische Skizze: Ein Mensch, an den ich mich erinnere
2	1	9	Stellungnahme: Die Wahrheit des Märchens
	2	9	Erläuterung: Sprachlernmethode
	3	12	persönlicher Brief: Erfahrungen mit Computern

Box Sprechen

Unterrichtssprache = Zielsprache

In echten Kommunikationssituationen existiert Sprache nie isoliert, sondern sie wird immer durch die Situation, die nonverbalen Zeichen und die Tonführung bestimmt. Daher sollte man versuchen, Sprache auch im Klassenraum zum Leben zu erwecken und sie in ihren Wirkungsmechanismen erfahrbar zu machen.

Fließend falsch – fließend richtig sprechen

Ziel der TN in der Mittelstufe ist die Vervollkommnung der Sprechfertigkeit. Schwierigkeiten bereitet zweifellos, dass der Lerner schon mühelos Kommunikationssituationen auf einem gewissen, oft aber nicht sehr anspruchsvollen sprachlichen Niveau bewältigen kann. Es muss dem Lerner daher bewusst (gemacht) werden, dass er nun den qualitativen Sprung vom WAS zum WIE zu machen hat. Dabei muss er durch entsprechende Planung vom Lehrer begleitet werden. Wir Lehrer müssen also auch in der Mittelstufe Übungssequenzen von geschlossenen zu offenen Übungen planen. In **Leselandschaft** sind alle Übungen zum Wortschatz bzw. zu den Redemitteln diesem Grundprinzip entsprechend aufgebaut. Sie gehen fast immer den Weg

Haben Sie die Box Redemittel schon gelesen, können Sie ab dem Abschnitt „Meinungsschlange", Seite 92, weiterlesen.

→   das Bekannte erkennen,
→   das Neue isolieren,
→   reproduzieren,
→   reproduzieren und mit Eigenem verbinden,
→   in darauf folgenden Sprech- oder Schreibübungen frei anwenden. Darum ist die Änderung der Abfolge innerhalb einer Sequenz nicht ratsam.

Es soll auch an dieser Stelle noch mal betont werden, dass unserer Erfahrung nach geschlossene Übungen besser mit Themen gelingen, die die Persönlichkeit der TN nicht zu nah betreffen. Offensichtlich kann man sich dann besser auf die sprachliche Form konzentrieren. Siehe dazu auch die Ausführungen zu Blau (Bd. 1, Kap. 1).

* Vgl. Thorsten
Friedrich:
Lernspielekartei,
München 1985, G 10/.

Die Meinungsschlange

Eine „Meinungsschlange" gibt jedem TN die Möglichkeit, seine
Position zu formulieren.* Schreiben Sie an die linke und die rechte
Seite der Tafel zwei extreme Thesen oder Meinungen (Beispiel zu
Bd. 1, Kap. 6 Nr. 13–18: „Hausmann sein heißt Selbstaufgabe" und
„Hausmänner sind Zeitgeistpioniere"). Fordern Sie Ihre TN nun
auf, sich zu überlegen, wo ihre eigene Position zwischen den beiden
Extremen ist. Nun sollen die TN – sich im Raum bewegend – mit
vielen anderen über diese extremen Positionen diskutieren. Auf ein
akustisches Zeichen soll jeder vor der Tafel seine Position zwischen
den Extremen einnehmen. So entsteht eine „Schlange".

Nun beginnt das Plenumsgespräch, in dem die TN der Reihe nach
ihre „Stellung-Nahme" – jetzt im wortwörtlichen Sinne – in einigen
Sätzen begründen. Falls jemand von den TN im Laufe der Begründungen das Gefühl hat auf einem falschen Platz zu stehen, kann er
seine Position beliebig ändern.

Es kann hier heftige Diskussionen geben – lassen Sie die TN diskutieren, bis sie merken, dass eigentlich schon alles gesagt wurde.
Fassen Sie dann das Ergebnis der Diskussion zusammen, indem
Sie die meistvertretenen Meinungen kurzgefasst an die Tafel schreiben. Nehmen Sie aus Fairnessgründen auch selbst, soweit geboten,
an der Diskussion teil.

Schneeball

Die „Schneeball-Arbeitsform" eignet sich sehr gut um das
„Aushandeln" (vgl. ZMP: Mündliche Prüfung) in Aktion zu trainieren. Erforderlich ist eine Auswahlentscheidung, für die mehrere
Optionen vorliegen müssen. Beispiel: Man einige sich auf eine von
mehreren Graphiken für einen bestimmten Werbezweck.

Schritt 1: TN bekommen mehrere Zeichnungen. Jeder entscheidet
sich für eine und notiert drei Stichwörter für seine Argumentation.

Schritt 2: Mit einem Partner muss er sich auf eine Zeichnung und
auf drei gemeinsame Schlagwörter einigen.

Schritt 3: Mit einem anderen Paar wird dieser Vorgang wiederholt,
so dass jetzt vier TN eine Zeichnung mit denselben drei Argumenten
vertreten.

Schritt 4: Partnerarbeit – TN aus zwei verschiedenen Vierergruppen
versuchen nun das Problem zu lösen.

Box Sprechen in der neuen ZMP: Die mündliche Prüfung

Zentrale Mittelstufenprüfung	Hinführungsaufgaben in der Leselandschaft (Band / Kapitel) u. a.:
1. Einführendes Gespräch: persönliche Informationen geben (ohne Bewertung)	
2. Über ein Thema sprechen: Gepräch, z. T. monologisch	alle Redemittel-Sequenzen als schrittweise Vorbereitung; Bildbeschreibungen und Kurzmonolog-Aufgaben wie z. B. Mein Buch (1 / 1) Zeit (2 / 5) Ernährung / Gesundheit / Sport (2 / 7) Mein Film (2 / 9) Thesendiskussion: Warenwelt (2 / 11) Mein Bild (2 / 12)
3. Etwas aus-handeln: Formulierung von Vorschlägen, Begründungen usw.: Diskussion, dialogisch	alle Redemittel-Sequenzen als schrittweise Vorbereitung; Diskussionsaufgaben wie z. B. Tropicland (1 / 4) Sparmaßnahmen (1 / 5) Umgehungsstraße (2 / 6) Flugzeugentführung (2 / 8) ferner die mündliche Vorbereitung der Schreibaufgaben „Stellungnahme"

2. „Über ein Thema anhand von zwei Fotos sprechen"
   „Prüfungsziel
   Geprüft wird die Fähigkeit sich mündlich zusammenhängend *s. o. Seite 37*
   und frei zu äußern. Auf der Basis von zwei Fotos soll eine an-
   gemessene, flüssige und strukturierte Äußerung produziert
   werden. Der Prüfungsteilnehmer soll zeigen, dass er in der Lage
   ist, eine dargestellte, seinem persönlichen Erfahrungschatz
   naheliegende Situation zu erläutern, diese auf die Verhältnisse
   in seinem Heimatland zu beziehen, Beispiele aus seiner persönlichen Erfahrung zu geben und seine persönlichen Eindrücke
   zum Thema zu äußern."[4]

3. „Etwas aushandeln"
   „Prüfungsziel
   Geprüft wird die Fähigkeit zum spontanen Sprechen, zum *s. o. Seite 38*
   Eingehen auf einen Gesprächspartner und zum Finden einer
   Lösung. Der Prüfungsteilnehmer soll zeigen, dass er in der Lage
   ist, die Aufgabenstellung aus der Vorgabe zu sichten und zu
   versprachlichen, Vorschläge zu machen und zu begründen, auf

Gegenvorschläge des Gesprächspartners zu reagieren, gemeinsam mit dem Gesprächspartner Alternativen abzuwägen, schließlich eine Lösung vorzuschlagen und zu begründen."

Box Üben und Hausaufgabe

Der Bereich *Hausaufgaben* wird im Rahmen der Kapitelübersichten und der Hinweise zu den Übungen und Aufgaben wiederholt angesprochen. Das bezieht sich vor allem auf regelmäßig wiederkehrende Arbeitsschritte im Rahmen der Textentschlüsselung und Textproduktion. Darüber hinaus werden Hausaufgaben gefordert (oder abgelehnt), gegeben, gemacht oder verweigert. Das Thema an sich wird wenig beachtet und diskutiert, scheint einmal die Prämisse erfüllt, dass Hausaufgaben thematisch, inhaltlich oder formal an die jeweilige Unterrichtseinheit anknüpfen sollten. Der Rahmen, die Problematik ausgiebig zu diskutieren, ist uns hier nicht gegeben, dennoch einige Denkanstöße.

- Bevor Sie eine Hausaufgabe formulieren, überlegen Sie immer: Fördert diese Aufgabe die Kommunikationsfähigkeit in der Zielsprache (DaF) und / oder ermöglicht / erleichtert sie eine sprachliche Handlung oder ist sie Teil derselben.
- Kann der Lerner bei der Erstellung der Hausaufgabe das Gelernte anwenden und individuelle Schwierigkeiten (Verständnisschwierigkeiten, mangelnde Vorkenntnisse ...) erkennen oder handelt es sich um eine (rein) mechanische (Fleiß-)Aufgabe?
- Gliedert sich die Hausaufgabe in die sprachlichen Handlungsketten des Unterrichts ein: Ist sie zum Beispiel Voraussetzung für die Gruppen- / Partnerarbeit in der folgenden Unterrichtseinheit?
  Tipp 1: Formulieren Sie die Hausaufgabe so, dass auch Lerner mit Dreifachbelastungen die Mindestanforderung erfüllen können.
  Tipp 2: Halten Sie immer einige „Lernertexte" (selbst erstellte oder aus alten Kursen) bereit, die es den „Lernern ohne Hausaufgaben" ermöglichen, am Unterrichtsgeschehen teilzunehmen (so wird auch die Arbeitsgruppe bzw. der Partner nicht „bestraft"). Lerner, die wegen nicht erledigter Hausaufgaben fehlen „müssen", verlieren den Anschluss.
- Besprechen Sie die geplante Hausaufgabe mit den Lernern: Erklären Sie Sinn und Zielsetzung derselben. Geben Sie gegebenenfalls Hilfestellungen.
- Es kann vorkommen, dass Lerner ausgeprägte Vorstellungen von Hausaufgaben mitbringen: Vokabellisten lernen, seitenweise Grammatikeinsetzübungen, einseitige Einsetzübungen usw. Zwingen Sie Ihren Lernern Ihr Verständnis von Hausaufgaben

nicht auf, gehen Sie auf die Wünsche ein und leisten Sie langsame Überzeugungsarbeit.

Tipp 1: Geben Sie alternative Hausaufgaben mit möglichst identischen Lernzielen.

Tipp 2: Geben Sie zwei Aufgabentypen als Hausaufgaben und diskutieren Sie mit der Lernergruppe die Effektivität der Übungen.

• Geben Sie möglichst viele Hausaufgaben, die in den Bereich *Lernen lernen* gehören.

Box Umgang mit Fehlern

Jeder Pädagoge weiß, dass Korrektur auf die Dauer nur erträglich ist, wenn sie in „Lob" eingebettet, von ihm getragen ist. Damit ist nicht in erster Linie das Quantum gemeint, sondern die Qualität, das Strahlen, das von dem Lob ausgeht. Nicht eine Lob-Überschwemmung ist nötig. Auch die dauernde Bestätigung jeder richtigen Aussage verliert rasch an Wert. Eine andere, kreative Form des Lobens sollte entstehen, das intelligente, das erfinderische, das phantasievolle Lob. Es sollte genau begründet sein. Es sollte die Schülerin, den Schüler, überraschen, berühren, froh machen, erfrischen.

U. Häussermann / H.-E. Piepho: Aufgaben-Handbuch, München, iudicium 1996, S. 204

Fehlermachen gehört zum Sprachlernprozess. Jeder von uns, der kleine Kinder beobachtet hat, wie sie sich ihre Muttersprache aneignen, weiß, mit wie vielen „Fehlern" sie am Anfang sprechen. Wir wissen aber auch, dass sie sich sehr schnell „freisprechen", wenn sich ihnen genügend Sprachmuster und Möglichkeiten bieten mit der Sprache zu experimentieren. Fangen die Kinder zu sprechen an, so hören Erwachsene ihnen aufmerksam zu und greifen nur dann klärend ein, wenn die Häufung der Fehler zu Kommunikationsstörungen führt. Natürlich werden auch formale Fehler, die die Verwirklichung der kommunikativen Absicht nicht stören, korrigiert, jedoch nicht so, dass man die Kinder dauernd unterbricht, sondern so, dass man in Atem- oder Denkpausen das falsch Gesagte korrekt wiederholt und dies konsequent immer tut, bis sich die korrekte Form einschleift.

So ähnlich sollte man vielleicht bei der mündlichen Korrektur im Fremdsprachenunterricht verfahren. In der Phase der gezielten Übung sprachlicher Phänomene sollte man in jedem Fall korrigierend eingreifen. Diese Übungsphase ersetzt die lange Phase des Ausprobierens im ungesteuerten Mutterspracherwerb. Hierbei sollte unbedingt darauf geachtet werden, dass immer nur das gerade Geübte korrigiert wird. In der Phase der freien Anwendung sollte man dann versuchen, sich zurückzuhalten und TN – aber auch sich selbst

– bewusst zu machen, dass der Schwerpunkt nun nicht auf dem fehlerfreien Sprechen sondern auf dem Gelingen der Kommunikation liegt.

Wir dürfen nie vergessen, dass es sehr schwer ist, gleichzeitig formal korrekt und inhaltlich anspruchsvoll zu sprechen. Verlangt man von den TN von Anfang an, fehlerfrei zu sprechen, und unterbricht man sie dauernd, wenn sie etwas falsch sagen, fühlen sie sich überfordert und verlieren Mut und Lust sich zu einem Thema frei zu äußern.

Entsprechende Formen der mündlichen Korrektur geben den TN die Möglichkeit, bewusst reflektierend an ihrer Sprechfertigkeit zu arbeiten. Wir bieten Ihnen einige Ideen dazu an:

1. Ist in Ihrer Planung eine Disskussionsrunde vorgesehen, schlagen Sie den TN vor, das Gespräch auf Kassette aufzunehmen. Spielen Sie dann das Aufgenommene zurück und bitten Sie die TN, sich alle Fehler aufzuschreiben. Diese werden dann gemeinsam korrigiert.

    Die Distanz, die durch das Medium Kassettenrekorder entsteht, hilft den TN, ihren Beitrag „entfremdet" zu sehen. Die Korrektur stört und schmerzt so nicht und es ist außerdem möglich, die Fehler, die man nicht macht, weil man die richtige Form nicht kennt, sondern nur, weil man sich in der Sprechsituation gestresst fühlt, selber richtigzustellen.
    Variante: Die TN werden gebeten, auf bestimmte sprachliche Merkmale zu achten und die Fehler in diesem Zusammenhang zu korrigieren: Perfektbildung, Nebensätze o. ä. In diesem Fall werden bestimmte sprachliche Regeln usw. wiederholt, die TN nicht von einer unsortierten Flut von Fehlern und / oder Korrekturen überhäuft.

2. Bilden Sie Paare oder Dreiergruppen und ordnen Sie jeder Gruppe einen Beobachter zu. Initiieren Sie dann ein Gespräch in den Gruppen und beauftragen Sie den Beobachter, alle Fehler, die er hört, aufzuschreiben. Diese Beobachter können außer sprachlichen Fehlern natürlich auch „Kommunikationsfehler" notieren.

    Nach dem Gespräch werden die registrierten Fehler der jeweiligen Gruppe vorgelegt und gemeinsam korrigiert.

3. Wollen Sie Ihre Schüler beim Sprechen doch direkt korrigieren, dann kann es sich bewähren, mit ihnen einen Korrekturplan zu vereinbaren. Jeweils eine oder zwei Wochen lang konzentrieren sich alle auf ein bestimmtes (häufig fehlerhaft verwendetes) sprachliches Phänomen, dass dann unbedingt in allen TN-Beiträgen stimmen muss. Dieses wird dann – falls doch falsch gesagt – sofort von ihnen korrigiert oder sicher besser nur signalisiert und der TN soll versuchen sich selbst zu korrigieren.

Box Wortschatz

*U. Häussermann /
H.-E. Piepho:
Aufgabenhandbuch,
München 1996
S. 196*

*Wir sind uns darin einig, dass man das Üben auf der einen und
das Lösen von Aufgaben auf der anderen Seite unterscheiden
muss. Beim Üben gibt es nur eine geringe Fehlertoleranz, das Tun
ist kontrolliert. Anders beim Lösen einer komplexen Aufgabe –
der Kursteilnehmer benützt hier zunächst die Interimssprache, er
äußert sich so, wie sein Sprachzustand ist. Er selber weiß, dass
seine Äußerung unvollkommen ist, dass er eine Zwischensprache,
eine Interimssprache spricht. Und er weiß, dass er jetzt Übungen
braucht, die ihm helfen, von dieser Interimssprache ausgehend
ein Stück weiter zu kommen.*

Die Themenfelder des Buches legen jene Bereiche fest, in denen
sich der fortgeschrittene Lerner verständigen können soll und für
die folglich thematischer Wortschatz erarbeitet werden muss.
Traditionell werden „Vokabeln" in zweispaltigen Wörterheften gesammelt – gut gepflegte „Wörterfriedhöfe". (Wir schreiben das
Wort ordentlich auf und prägen uns beim Lernen seinen Platz auf
der Seite genau ein. Wenn wir das Wort benutzen möchten, können
wir genau sagen, wo es zu finden ist – nur wie es heißt, das wissen
wir nicht mehr.)

Der erste Schritt zum Einprägen von Wörtern ist die Verinner-
lichung durch das Schreiben. Sie sollten deshalb Ihren TN immer
Zeit geben, Wörter von der Tafel abzuschreiben und auch darauf
bestehen, dass jeder seine persönliche handgeschriebene Wort-
schatzsammlung führt.

◆ Wenn es denn ein Wörterheft sein muss, schlagen Sie ein vier-
spaltiges Wörterheft vor:

deutsches Wort	Satz	Synomym-Antonym	Muttersprache / Bild
die Heimat	Meine Heimat ist Ungarn.	die Fremde	haza

◆ Sinnvoller erscheinen uns (Kartei-)karten, Ringbucheinlagen
o. ä., die mit den obigen Informationen aber auch durch weitere
Anmerkungen, Regeln usw. erweitert werden können. Der TN
sollte nun mit Hilfe seines Lehrers / Lehrerin / Kursleiters / Kurs-
leiterin ein System entwickeln, nach dem er seine Wörter sor-
tiert: Thematische Einheiten bieten sich an.

Nach dem Notieren der Wörter sollten im Unterricht Anwendungssituationen geschaffen werden, zum Beispiel solche:

1. Pantomimische Darstellung von einzelnen Begriffen.

2. Wort und Definition auf separaten Zetteln ausgeben und zuordnen lassen:
   a) Die TN bilden zwei Gruppen.
   b) Jede Gruppe schreibt für die andere zehn Wörter aus einem vorgegebenen Themenkreis auf Zettel.
   c) Ein TN aus der jeweils anderen Gruppe bekommt ein Wort und muss es seiner Gruppe so umschreiben, dass sie es in maximal 30 Sekunden nennen kann.

3. *Ruckzuck:* Je vier TN haben die Aufgabe zum Thema der Lektion fünf neue Wörter auszuwählen und mit einem dicken Stift gut lesbar auf ein Blatt zu schreiben. Während der Auswahl sollen sie noch einmal die Wörterhefte durchforsten und solche Worte wählen, von denen sie meinen, dass die andere Gruppe die sicher nicht gelernt hat. (Ein den TN zwar nicht bewusstes, aber entscheidendes Ergebnis ist dieses Suchen im Wörterheft, das Nennen von Wörtern und das Verwerfen. Geben Sie den TN 7–8 Minuten Zeit, denn hier erfolgt sehr intensive Wortschatzwiederholung!)

   Nun folgt der Wettbewerb: Jede Gruppe bestimmt einen Spieler. Der Spieler stellt sich vor die Klasse. Sie als Lehrperson heften nun die Wortliste einer anderen Gruppe an die Tafel – für alle außer den Spieler gut sichtbar, der eine Minute lang Begriffe / Wörter aus dem Themenwortschatz laut nennen muss. (Beim Beispiel ARBEIT würden sicher *arbeiten, arbeitslos, Arbeiter, Büro, verdienen* usw. genannt.) Immer wenn er ein Wort nennt, das auf der Wortliste steht, bekommt seine Gruppe einen Punkt.

   Der Lerneffekt dieser Übung ist sehr groß, denn alle sehen noch einmal ausgewählten Wortschatz und hören dazu viele andere Wörter.

4. Welches Wort fehlt? Sie schreiben den Lernwortschatz auf einzelne Zettel und heften diese langsam nacheinander an die Tafel. Die TN haben die Aufgabe, sich die Wörter dabei einzuprägen.

   Wenn alle Wörter an der Tafel sind, bitten sie die TN, die Augen zu schliessen. Währenddessen nehmen sie ein Wort von der Tafel. Welches Wort fehlt?

5. Die TN stellen sich in Paaren vor der Tafel so auf, dass ein Partner mit dem Rücken zur Tafel steht, der andere die Tafel gut sieht. Sie schreiben nun nacheinander einzelne Wörter

aus dem Lernwortschatz an. Derjenige, der die Tafel sieht, muss seinem Partner das Wort umschreiben. Dieser ruft es laut.

6. Ein Zeichendiktat kann helfen Themenwortschatz zu aktivieren, zu festigen oder zu wiederholen. Haben Sie ein zum Thema passendes Bild gefunden, so können Sie folgenderweise verfahren:

Schritt 1
TN bekommen ein A4-Blatt und werden aufgefordert, alles so zu zeichnen, wie Sie es ihnen diktieren. Vergessen Sie nicht die TN darauf aufmerksam zu machen, dass sie möglichst groß und locker plaziert zeichnen, damit sie manches rückwirkend ändern oder ergänzen können.

Schritt 2
Die TN vergleichen ihre Zeichnungen mit dem Original (OHP-Folie).

Variante 1: Sie bilden Paare. Sie geben jeweils einem der Partner das Bild, der dann das, was er auf dem Bild sieht, dem anderen genau beschreibt, damit er alles nachzeichnen kann.

Variante 2: 3 TN stehen vor der Tafel, alle anderen haben eine Kopie desselben Bildes in der Hand. Nun fangen diese an, das Bild zu beschreiben, und die 3 vor der Tafel stehenden TN versuchen das Gehörte nachzuzeichnen.
   Manche Bilder in **Leselandschaft** eignen sich sehr gut zu einer solchen Übung (Band l, Kapitel 5: Ankunft am Bahnhof; Band 1, Kapitel 1: Jüngling u. a. m.).

Box Zeichnen

Es macht auch Erwachsenen Spaß manchmal etwas zu zeichnen. Ein Zeichendiktat kann helfen Themenwortschatz zu aktivieren, zu festigen oder zu wiederholen.
   Sollten Sie ein zum Thema passendes Bild gefunden haben, so können Sie folgenderweise verfahren:

Schritt 1
TN bekommen ein A4-Blatt und werden aufgefordert, alles so zu zeichnen, wie Sie es ihnen diktieren. Vergessen Sie nicht, die TN darauf aufmerksam zu machen, dass sie möglichst groß und locker plaziert zeichnen, damit sie manches rückwirkend ändern, ergänzen können.

Schritt 2

Kopieren Sie das Bild auf Folie. Die TN vergleichen ihre Zeichnungen mit dem Original.

Variante 1

Sie bilden Paare. Sie geben jeweils einem der Partner das Bild, der dann das, was er auf dem Bild sieht, dem anderen genau beschreibt, damit er alles nachzeichnen kann.

Variante 2

Drei TN stehen vor der Tafel, alle anderen haben ein Bild (jeder dasselbe) in der Hand. Nun fangen diese an, das Bild zu beschreiben und die drei vor der Tafel stehenden TN versuchen das Gehörte nachzuzeichnen.

Manche Bilder in Leselandschaft eignen sich sehr gut zu einer solchen Übung: z. B. Bd. l S. 63, Bd. 2 S.14 oben usw.

Leselandschaft Band 2

1 Eine Vogelfeder finden

Kapitelübersicht

Planungsvariante 1
Sprechen **1** ♦ Lesen **3–5** ♦ Wortschatz **6** ♦ Schreiben **7** ♦
Bildbeschreibung **8** ♦ Schreiben **9** ♦ Lesen **10–18** ♦ Redemittel **19–22** ♦
Wortschatz **23, 24** ♦ Lesen **25**

Planungsvariante 2
Bildbeschreibung **1** ◆ Lesen **3–5** ◆ Wortschatz **6** ◆ Sprechen **1, 2** ◆
Schreiben **7** ◆ Lesen **10–18** ◆ Wortschatz **23, 24** ◆ Redemittel **19–22** ◆
Schreiben **9** ◆ Lesen **25**

Hinweise zu den Aufgaben

Bildbeschreibung

8   *Info:* Das Bild des jungen Mannes ist ein Szenenfoto aus dem
     Film *Brigitta* von Dagmar Knöpfel (Deutschland / Ungarn 1993),
     nach der gleichnamigen Novelle von Adalbert Stifter (1847); der
     Text handelt von einem jungen Maler, dem sich auf dem Weg zum
     Landgut eines Freundes in Ungarn – gebannt von den Schönheiten
     der Natur – eine neue Welt eröffnet.

Schreiben

9   Falls Sie eine Lernergruppe haben, die für die Problematik „Kon-
     sumgesellschaft" sensibilisiert ist und so eine Diskussion über die
     „Botschaft" des Märchens anregend finden könnte, können Sie
     eine Meinungsschlange (siehe Box „Sprechen") zum Thema organi-
     sieren. Die zwei Aussagen könnten sein: „Hans ist doof / dumm"
     und „Hans ist weise".

Redemittel

19–22 Anschließend bietet sich in der Lerngruppe ein „Roundtable-
       gespräch im Rundfunk / Fernsehen" über das Thema „Glück" an.
       Mögliche Rollen: *Moderator, Prokurist, Invalide, junges Mädchen,
       Penner, Mutter, Rentner / -in, Manager, Kind, Sportler / -in* u. ä.

       Schritt 1
       Verteilen Sie die Rollen. Falls Sie eine kleinere Lernergruppe haben,
       können alle TN eine Rolle übernehmen: Schreiben Sie alle Rollen
       an die Tafel und bitten Sie die TN, sich zu der gewählten Rolle ein-
       zutragen. Wenn Sie eine größere Gruppe haben, sind die TN, die
       keine Rollen haben, das Publikum, das dann im Laufe des Ge-
       sprächs und / oder nach dem Roundtablegespräch an die Teilnehmer
       Fragen richten darf.

Schritt 2

Vorbereitung auf das Roundtablegespräch. Einigen Sie sich mit den
TN über die nötige Zeit für die Vorbereitung auf das Gespräch.
Bitten Sie sie nun schriftlich Notizen zu machen. Machen Sie die
TN darauf aufmerksam, dass sie nicht nur die Aufgabe haben sich –
den Rollen entsprechend – über „Glück" zu äußern, denn so wäre
das bloß ein einfaches Aufzählen der „persönlichen" Ansichten.
Die eigentliche Aufgabe ist, die jeweiligen Äußerungen an das vor-
her Gesagte anzuknüpfen, darauf zu reagierern, es zu relativieren,
dazu Einschränkungen zu machen. Es sollten dabei möglichst viele
Redemittel verwendet werden.

Schritt 3

Roundtablegespräch (evtl. mit Fragen aus dem Publikum).

Schritt 4

Als Abschluss und Zusammenfassung lassen Sie die wichtigsten
Meinungen schriftlich formulieren.

Hörfelder: Hörtext 19
Lehr- und Übungsbuch der deutschen Grammatik, neu: § 26 I
Temporale Nebensätze; § 16 Verben mit Infinitivkonstruktionen
Übungsgrammatik DaF für Fortgeschrittene: § 13 VIII Temporal-
sätze; § 11 Infinitivsätze

2 Sondern für das Leben

Kapitelübersicht

1
Leseverstehen

Wimmeltexte:
selektives Lesen

*Was blieb
von der Schulzeit?*

2 – 4
Wortschatz
5 – 6
Leseverstehen

Lernen, lehren

*Was ist
Mindmapping?*

7
Diskussion
8
Bildbeschreibung

Auswendiglernen

*Massenuni,
erster Schultag*

9
Schreiben
10
Redemittel

Darstellung

Kompensations-
strategien

Sprachlernmethode

Planungsvariante 1
Lesen **1** ♦ Wortschatz **2–4** ♦ Lesen **5–6** ♦ Diskussion **7** ♦ Bild **8** ♦
Schreiben **9** ♦ Redemittel **10**

Planungsvariante 2
Bild **8** ♦ Wortschatz **2–4** ♦ Lesen **1** ♦ Diskussion **7** ♦ Schreiben **9** ♦
Redemittel **10** ♦ Lesen **5–6**

Hinweise zu den Aufgaben

Lesen

1 Als Einstieg in das Thema schließen die TN ihre Augen oder legen den Kopf auf den Tisch. Spielen Sie leise Musik und bitten Sie die TN an ihre Schulzeit zu denken. Anschließend soll jeder kurz über seine Erinnerungen berichten.

Sie können in einem nächsten Schritt die Textverarbeitung (1) auch so angehen, dass Sie die kleinen Textteile kopieren und auseinanderschneiden. Die Aufgabe der TN ist die Aussagen der Befragten nach den im Buch vorgegebenen Gesichtspunkten zu ordnen.

Sie können die Gesichtspunkte jeweils auf einen großen Bogen Papier schreiben und die Texte unter die Aufschrift kleben. Dabei werden immer die Textteile markiert, die für die Entscheidung relevant waren.

Sie können dann fünf kleine Gruppen bilden, die
a)   die Textbelege überprüfen und
b)   Lernwörter aus den Texten für die Gruppe auswählen.
Die ausgewählten Wörter werden an die Tafel geschrieben, besprochen und in das Wörterheft eingetragen.

Worauf es ankommt bei Aufgabe 1:
a)   Man muss sich innerhalb eines Zeitrahmens in zahlreichen kleineren Texten mit Blick auf eine Zuordnungstabelle orientieren können.
b)   TN sollten Textstellen nicht bloß „mechanisch" zuordnen und vorlesen, sondern deren Zuordnung begründen; eine Auseinandersetzung über die Schwierigkeit der Zuordnung ist erwünscht und sollte geführt werden.

Wortschatz

2 Es erscheint ratsam, die Aufgabe 2 b) in die Hausarbeit zu delegieren, damit die TN motiviert sind genau zuzuhören und alle wichtigen Informationen aufzuschreiben. So haben sie dann genügend Zeit, sich mit dem Themenwortschatz auseinanderzusetzen.

Durch diese zeitliche Ausdehnung der Aufgabe gewinnt die c-Phase in der darauffolgenden Stunde erneut Bedeutung, indem die TN bei der inhaltlichen Überprüfung des Textes ihres Partners und bei der Markierung der Wörter und Wendungen nochmals die für sie selbst wichtigen Details des Themenwortschatzes wiederholen.

Lesen

5–6   In einer Lektion über das Lernen sollte man auch selbst etwas Neues lernen, in diesem Fall ist es das Mindmapping. (Sollten einige TN damit bereits vertraut sein, lässt sich deren Expertenwissen in den Unterricht integrieren.) Literatur zum Mindmapping u. a.: *H. Holtwisch, Mindmapping im Fremdsprachenunterricht. In: Praxis des neusprachlichen Unterrichts 29 (1992) 1, 38–44; T. Buzan, Kopftraining. Anleitung zum kreativen Denken. Tests und Übungen, München 1984 / 1993*

Sie können die Behandlung des Teilthemas Mindmapping auch induktiv beginnen:

Schritt 1
Gruppen bilden (max. vier TN pro Gruppe).

Schritt 2
Sie geben den Gruppen einige Themen zur Wahl; über eines davon soll als Vortragsthema, Besprechungsgrundlage usw. nachgedacht werden.

Schritt 3
Bitten Sie nun die TN sich in 5 bis 10 Minuten über das gewählte Thema auszutauschen und ihre wichtigsten Gedanken auf einem großen Bogen Papier anschaulich darzustellen. Die Plakate werden aufgehängt. Die Gruppen werden gebeten ihren Gedankengang zu rekonstruieren, die anderen TN sollen das Schema auf seine Anschaulichkeit hin überprüfen.

Schritt 4
Die TN lesen - noch immer in den Gruppen sitzend – den Text „Was ist Mindmapping?". Anschließend ergänzen alle gemeinsam die Abbildung „Fremdsprachenunterricht" um dabei miteinander über das Gelesene ins Gespräch kommen.

Schritt 5
Sie stellen den TN weitere große Bogen Papier zur Verfügung und bitten die Gruppen darüber nachzudenken, ob sie nicht vielleicht aufgrund der gewonnenen Einsichten ihr Schema neu gestalten wollen. Diejenigen, die sich für eine Überarbeitung entscheiden, können in den nächsten 10 bis 15 Minuten an dem neuen Schema arbeiten. Andere haben in dieser Zeit die Möglichkeit, Wörtern „auf die Spur" zu kommen (Aufgabe **3**).

Schritt 6

Alte und neue Schemata werden miteinander verglichen, mit dem Ziel Ursachen für die Unterschiede festzustellen, Denkprozesse und ihre Veranschaulichung zu reflektieren und / oder zu analysieren.

Schritt 7

Als Hausaufgabe bietet sich Aufgabe **6**a an bzw. die Möglichkeit in der nächstfolgenden Stunde ein Kurzreferat (max. drei Minuten) zu halten. Hierzu soll zu Hause eine Mindmap erstellt werden, damit der „Kommunikationserfolg" in der Stunde sichergestellt ist.

Diskussion

7   *Info:* Rolf Niederhäuser, geb.1951 in Zürich, schrieb u. a. *Nada oder Die Frage eines Augenblicks* (Roman, 1988).

Das „Auswendiglernen" beschäftigt jeden Lerner. Wie wird Wissen ein Teil von mir, sogar ein Teil meines Körpers? Näher betrachtet gehören zu dieser Diskussion auch jüngste Thesen der Neurophysiologie zur Funktionsweise des Gehirns, das – mit rhythmischer Bewegung verbunden – „Sich-etwas-Einverleiben" in traditionellen Lernkulturen und dessen mythische Ursprünge u. a. m.

Bildbeschreibung

8   Die „Massenuniversität", eine Lernfabrik mit Dutzenden von Studenten in Seminarräumen und Hunderten in Vorlesungssälen. Ursachen u. a. erweiterte Studienmöglichkeiten für breite Bevölkerungsschichten, permanente Finanzkrise im Hochschulbereich. – Erster Schultag: Die kegelförmige „Schultüte" wird traditionellerweise am Tag der Einschulung mitgegeben. Sie kann enthalten: kleine Geschenke aus der Schreibwarenhandlung, Obst, vielleicht Spielzeug, aus gesundheitlichen Gründen nicht immer Süßigkeiten.

Schreiben

9   Da Sprachlernmethoden für alle TN von Bedeutung sind, bietet sich hier eine „Schreibkonferenz" an. (Voraussetzung für das zeitökonomisches Arbeiten ist, dass die TN lesbar schreiben. Machen Sie vor dem Schreiben darauf aufmerksam.)

Schritt 1
Sie brauchen acht Kleingruppen (für die Themen 1–8).

Schritt 2
Jedes Mitglied jeder Gruppe verfasst einen Kurztext zum jeweiligen Thema.

Schritt 3
Wenn die einzelnen TN mit dem ersten Entwurf fertig sind, reichen sie ihren Text weiter, bis jeder in der Kleingruppe jeden Text einmal gelesen und auf inhaltliche Angemessenheit und sprachliche Richtigkeit hin überprüft hat.

Redemittel

10 Diese Aufgabe, sprachliche Mittel für einige „kompensatorische" Strategien zu finden, eignet sich für kleine Rollenspiele. Geben Sie nach der Unterrichtsstunde die Hausaufgabe ein Wort zu finden, das sich für vergleichbare Situationen eignet. Die TN sollten zu Hause die Situation so weit möglich auch von der sprachlichen Gestaltung her überdenken. In der darauffolgenden Stunde werden dann Paare gebildet, die sich auf jeweils ein Wort einigen und dazu die passende Szene spielen.

Es bietet sich an, bei der Behandlung dieses Kapitels über Lern-typen, Lernstrategien und Lerntechniken sowie über kompensato-rische Strategien zu sprechen. Dabei sollten in jedem Fall die allgemeinen und fachspezifischen Lernerfahrungen der TN als Aus-gangspunkt dienen.

Hörfelder: Hörtext 12; Hörtext 13
Lehr- und Übungsbuch der deutschen Grammatik, neu:
§ 6 I 5 Partizip II (Bildung)
Übungsgrammatik DaF für Fortgeschrittene: § 15 Partizip Perfekt (Partizip II)

3 Ich @Computer

Kapitelübersicht

1–3
Wortschatz
4
Leseverstehen

Ich und mein
Computer

5–7
Wortschatz
8
Leseverstehen

Ein Tag im
Multimedia-Reich

9
Sprechen
10
Redemittel   Informationen
11
Bildbeschreibung   *Telearbeit*
12
Schreiben   persönlicher Brief   *Erfahrungen*
mit Computern

Planungsvariante 1
Wortschatz **1–3** ◆ Lesen **4** ◆ Wortschatz **5, 7** ◆ Sprechen **6** ◆
Lesen **8** ◆ Sprechen **9** ◆ Redemittel **10** ◆ Bildbeschreibung **11** ◆
Schreiben **12**

Planungsvariante 2
Bildbeschreibung **11** ◆ Wortschatz **1–3** ◆ Lesen **4** ◆ Redemittel **10** ◆
Wortschatz **5, 7** ◆ Sprechen ◆ Lesen **8** ◆ Schreiben **12** ◆ Sprechen **9**

Hinweise zu den Aufgaben

Inhaltsschwerpunkte des Kapitels sind: der Personalcomputer
(Aufgaben 1–6) und das „Netz" (ab Aufgabe 7).

Wortschatz

6 Vermeiden Sie einen zu schnellen Einstieg in die Diskussion: Dazu
dient die vorgeschlagene Denkpause, eine Zeit der Vorbereitung und
der Notizen. Danach geht es im Plenum oder zuvor in Kleingruppen
weiter. Man kann Fall für Fall vorgehen oder sogleich auswählen,
Gemeinsamkeiten und Unterschiede formulieren (Redemittel dazu
u. a. in Leselandschaft 1, Kapitel 3, Nr. 6), Aktuelles einbeziehen, in
Beziehung zum Gelesenen setzen lassen.

Schritt 1
Einzelarbeit: Lesen des Textes und Beantworten der Aufgabe wie im
Buch vorgesehen.

Schritt 2
Die verschiedenen Meinungen werden in Kleingruppen verglichen,
begründet und diskutiert.

Schritt 3
Diskussion im Plenum.
Sie können hier aber auch erst die Aufgabe **7** und dann die Übung **6**
machen.

Leseverstehen

8 Der Text ist enthält viele Begriffe, deren Verständnis vor dem Lesen
gesichert werden sollte (8a). Für Aufgabe 8b – das *top-down*-Vor-
gehen wird durch die Landkarte ganz gut „sichtbar" – sollten Sie ein
Zeitlimit geben; 8c verlangt nach längerer Arbeit am Text, eignet
sich daher als Hausaufgabe. Bei 8d wird auf vertraute Grammatik-
kenntnisse zurückgegriffen: Das Verb und seine „Arme", d. h.
die Ergänzungen. 8e schließlich, die kritische Perspektivierung des
Gelesenen, lässt sich auch zu einer schriftlichen Stellungnahme
oder einer komplexeren Diskussion ausbauen. Dabei könnten Thesen (z. B. „Die Multimedia-Welt erweitert / beschränkt unser Lern-
verhalten / unsere kulturellen Ausdrucksformen / unser Wirtschafts-
leben …") vorgegeben bzw. entwickelt werden.

Sprechen

9   Die vorgeschlagene Arbeitsweise eignet sich immer dann, wenn der
Inhalt mehrerer kurzer Texte mit hohem Sprechanteil des einzelnen
TNs verarbeitet werden soll. (Beschrieben bei: G. Wackwitz /
B. Helmling, …)

Hörfelder: Hörtext 11
Lehr- und Übungsbuch der deutschen Grammatik, neu:
§ 35 Relativsätze; § 39 V c) Nullartikel nach dem Relativpronomen
Übungsgrammatik DaF für Fortgeschrittene: § 14 I Relativpronomen / Relativsätze, II Relatipronomen *wer*, III und IV Relativpronomen *was* – Relativadverbien

4 Meine Arbeit

Kapitelübersicht

1–3
Wortschatz

4–8
Leseverstehen   Reportage   *Jeder bekommt den gleichen Lohn*

9
Sprechen   *Arbeitszeitmodelle*

10
Wortschatz

11
Bildbeschreibung   *Fluglotsen; Kellnerin*

12
Schreiben   Stellungnahme   *Die Zukunft der Arbeit*

13–21
Redemittel   *Am Telefon*

Planungsvariante 1
Wortschatz **1–3** ♦ Lesen **4–8** ♦ Sprechen **9** ♦ Bild **11** ♦ Schreiben /
Sprechen **12** ♦ Redemittel **13–21** ♦ Wortschatz **10**

Planungsvariante 2
Sprechen **12a** ♦ Wortschatz **1–3** ♦ Lesen **4–8** ♦ Redemittel **13–21** ♦
Bild **9** ♦ Sprechen **11** ♦ Wortschatz **10**

Hinweise zu den Aufgaben

Wortschatz

10   Wörtern auf der Spur – die angegebenen Lexeme sind Beispiele, die Liste ist sowohl reduzierbar als auch erweiterbar. Ein Teil der Begriffe kann in der Schreibaufgabe 12 von Nutzen sein. Wenn Sie viele dieser Begriffe in den Unterricht einbringen möchten, können sie diese wie folgt „dosieren":

(Den Teilnehmern sollten – nicht nur für diese Phase – verschiedene einsprachige und gegebenenfalls zweisprachige Wörterbücher zur Verfügung stehen.)

Schreiben Sie mit Filzstift die Nomen auf ein Blatt und verteilen Sie je 6 an Paare, die eine kurze und möglichst anschauliche Erklärung für den Begriff auf einem anderen Blatt notieren.

Danach können die Nomen an der Pinnwand gruppiert und erklärt werden.

Dies kann in mehreren Stunden jeweils als Einstieg geschehen; Sie können auch zu Stundenbeginn jedem TN drei Worterklärungen – oder einer Gruppe 9 – auf den Tisch legen: Die Aufgabe besteht darin, in kurzer Zeit die Begriffe zu notieren. Die Begriffe erklärt der / ein TN daraufhin einem anderen TN aus einer anderen Gruppe.

Ferner: Ruck-Zuck (auch in der **Box** *Wortschatz* beschrieben) ist immer wieder eine sehr effektive Wortschatzfestigung.

Je vier TN haben die Aufgabe zum Thema des Kapitels fünf neue Wörter auszuwählen und mit einem dicken Stift gut lesbar auf ein Blatt zu schreiben. Während der Auswahl sollen sie noch einmal die Wörterhefte durchforsten und solche Worte wählen, von denen sie meinen, dass die andere Gruppe die sicher nicht gelernt hat. Ein den TN zwar nicht bewusstes, aber entscheidendes „Lernprodukt" ist dieses Kramen im Wörterheft, das Nennen von Wörtern und das Verwerfen. Geben Sie den Teilnehmern 7 bis 8 Minuten, denn hier erfolgt sehr intensive Wortschatzwiederholung. Nun folgt der Wettbewerb:

Jede Gruppe bestimmt einen Spieler. Der Spieler stellt sich vor die Klasse, Sie heften nun die Wortliste einer anderen Gruppe an die Tafel – für alle gut sichtbar außer für den Spieler – der die Aufgabe hat, eine Minute lang Themenwortschatz laut aufzusagen. Bei unserem Beispiel *Arbeit* würden sicher *arbeiten, arbeitslos, Arbeiter, Büro, verdienen* usw. genannt. Immer wenn er ein Wort der Wortliste nennt, bekommt seine Gruppe einen Punkt. Der Lerneffekt dieser Übung ist sehr groß, denn alle sehen noch einmal ausgewählten Wortschatz und hören dazu viele andere Worte.

Bildbeschreibung

11   *Info:* Flugsicherungszentrale (1989); Kerstin Wießner, Chefkellnerin im Ratskeller von Grimma (1992).

Sprechen / Schreiben

12   12b: Tragen Sie gemeinsam Ihre Ideen zum Thema zusammen *als Vorbereitung einer Stellungnahme zur „Zukunft der Arbeit".* Was hier entstehen soll, ist eine Stellungnahme; diese setzt einen längeren gedanklichen Klärungsprozess voraus, den man in der Klasse organisieren kann.

Variante 1
Schritt 1
Händigen Sie vier Gruppen jeweils eine, auf ein Blatt geschriebene These aus Aufgabe 12a aus. Leitfrage wie im Buch. Das Diskussionsergebnis soll später
– von einem Gruppensprecher dem Plenum
– oder in neugebildeten Gruppen mitgeteilt werden. (Die Entscheidung hängt von der Großgruppenstärke ab. Vgl. **Box** *Gruppenarbeit* und **Box** *Auswertung der Ergebnisse*).

Schritt 2
Präsentieren Sie die Karikatur mit dem OHP, legen Sie eine Betrachtungspause ein und geben Sie Ihren TN die Möglichkeit, Ideen und Assoziationen zur Karikatur und zu den diskutierten Thesen zu äußern.

Schritt 3
TN lesen die Formulierungshilfen und klären die Bedeutungen.

Schritt 4
Hausaufgabe:
– TN wählen eine These und schreiben eine Stellungnahme, in der sie sowohl ihre persönlichen als auch die Gedanken der Kleingruppenmitglieder erörtern.
– TN entwerfen eine Stellungnahme: „Die Zukunft der Arbeit".

Schritt 5
Folgestunde: TN überarbeiten mit einem Lernpartner die Stellungnahme.

Variante 2
Schritt 1
Zeigen Sie die Karikatur aus 12b auf dem OHP und führen Sie
im Plenum ein Unterrichtsgespräch. Die TN finden Titel / Bildunter-
schriften für die Karikatur.

Schritt 2
Bilden Sie vier Gruppen, die je eine These 12a diskutieren sollen.
Am Ende der Diskussion soll jedes Gruppenmitglied die geführte
Diskussion zusammenfassen können. Dabei ist es hilfreich, wenn
gegen Ende der Arbeitszeit die Gruppen füreinander das Gesagte
zusammenfassen und sich jeder Notizen macht. Falls sie später in
Wirbelgruppen weiterarbeiten möchten, soll ein für jeden gut über-
schaubares Plakat entstehen.

Schritt 3
Auswertung:
– Gruppensprecher teilen dem Plenum die Ergebnisse mit, oder
– es werden neue Gruppen gebildet, in denen ein Mitglied aus
  jeder Gruppe vertreten ist, in denen die Ergebnisse vorgetragen
  werden oder
– Wirbelgruppen (siehe **Box** *Auswertung der Ergebnisse von
  Arbeitsgruppen*)

Redemittel

13–21 Am Telefon: Sie finden hier zunächst den thematischen Wortschatz
(14), dann einen Katalog mit Redemitteln und Anwendungsübungen
dazu; nach diesen Elementen zur Sprache des Telefonierens kann
ein Gespräch über das Telefonieren (21) folgen.

Wenn Sie diese Sequenz und in dem folgenden Kapitel 5 die Redemittel „Termine" (dort Aufgaben 20–21) bearbeitet haben, können
Sie beide Themen in einer Übungsreihe zusammen anwenden lassen.

Lehr- und Übungsbuch der deutschen Grammatik, neu:
§ 19 Passiv; § 48, 49 Passiversatz
Übungsgrammatik DaF für Fortgeschrittene: § 4 I, II, III, IV Passiv;
§ 5 I, II, (III) Passiversatzformen

5 Meine Zeit

Kapitelübersicht

1–3 Wortschatz		
4–8 Leseverstehen	Umfrage	*Die Deutschen fürchten Stress – und Langeweile*
9–10 Redemittel	Prioritäten	
11–15 Leseverstehen	Sachtext	*Ach du liebe Zeit!*
16–17 Wortschatz		
18 Bildbeschreibung		
19 Sprechen	Zettelwand	
20–21 Redemittel	Termine	
22 Schreiben	Terminvereinbarung	

Planungsvariante 1
Wortschatz **1–3** ♦ Lesen **4–8** ♦ Redemittel **9, 10** ♦ Lesen **11–15** ♦
Wortschatz **16, 17** ♦ Bildbeschreibung **18** ♦ Sprechen **19** ♦
Redemittel **20, 21** ♦ Schreiben **22**

Planungsvariante 2
Sprechen **19** ♦ Lesen **4–8** ♦ Wortschatz **1–3** ♦ Redemittel **9, 10** ♦
Lesen **11–15** ♦ Bildbeschreibung **18** ♦ Wortschatz **16, 17** ♦
Redemittel **20, 21** ♦ Schreiben **22**

Hinweise zu den Aufgaben

Einstiegsideen:

a)   „Zeitempfinden": Bitten Sie Ihre TN ganz unerwartet, die
Hände auf den Rücken zu nehmen – (die meisten Menschen
tragen eine Armbanduhr) –, damit sie nicht auf die Uhr schauen
können. Falls sich im Klassenraum eine Wanduhr befindet,
bitten Sie die TN auch der Wanduhr den Rücken zuzuwenden.
Fragen Sie sie nun, wie spät es ist, ob sie die genaue Uhrzeit
sagen können. Notieren Sie die unterschiedlichsten Schätzun-
gen an der Tafel und vergleichen Sie sie dann mit der genauen
Zeit.

b)   „Angenommen, Sie könnten Zeit in eine Flasche füllen ..."

Wortschatz

1–3   „Kreuzen Sie an: 1 = Zustimmung, 7 = Ablehung. Es wäre schön,
wenn die TN selbst entscheiden würden, wie sie die Umfrage
und deren Auswertung praktisch organisieren möchten – solange
die Unterrichtssprache die Zielsprache bleibt. Praktisch ist:

Schritt 1
Jeder TN kreuzt in seinem Buch an, währenddessen wird der
Zahlenkasten an die Tafel geschrieben.

Schritt 2
Lesen Sie jedes Statement einzeln vor, bitten Sie um Handzeichen
für „eins", „zwei" usw., markieren Sie die Zahl mit den meisten
Meldungen (die anderen brauchen Sie nicht unbedingt zu notieren).

Schritt 3
Die TN übertragen die Gruppenergebnisse in ihre Hefte / Bücher.

Schritt 4
Anschließend geben die Teilnehmer die Ergebnisse mündlich wieder.

Schritt 5
Aufgabe 3; nach kurzer schriftlicher Einzelarbeit wird das Vorgelese-
ne vom Plenum bestätigt oder modifiziert.
   In Aufgabe 5b können Sie noch einmal auf Ihre Gruppenumfrage
zurückkommen.

Redemittel

9–10 Vorbereitung zu Aufgabe 10a: Schreiben Sie die Aktivitäten, die zu beiden „Fällen" dort genannt werden, auf größere Papierschleifen, Karteikarten o. ä.

Schritt 1
Schreiben Sie die zwei Fälle („Ein Rockmusikfestival veranstalten" – „Eine Kanutour auf einem großen Fluss planen") links und rechts an die Tafel. Bitten Sie die TN sich für ein Thema zu entscheiden und den Namen links bzw. rechts an der Tafel einzutragen. (Falls Sie eine größere Lerngruppe haben, können die zwei Fälle in je zwei Gruppen bearbeitet werden.)

Schritt 2
Jede Gruppe bekommt ein Päckchen mit Papierschleifen: mit Aktivitäten beschriebene, siehe „Vorbereitung", und dazu einige leere, auf denen die Gruppen gegebenenfalls weitere Aktivitäten notieren können. Diese müssen in eine vernünftige Reihenfolge gebracht werden; bei der Entscheidungsfindung sollen Redemittel der Prioritätensetzung Anwendung finden – das ist der Übungszweck. Jede Gruppe hängt ihr Ergebnis an die Tafel oder Pinnwand.

Schritt 3
Führen Sie die Prioritätendiskussion im Plenum weiter, indem Sie – sofern keine abweichenden Gruppenlösungen o. ä. mehr besprochen werden müssen – folgende Impulse geben: „Wie würde sich Ihre Prioritätenliste ändern, wenn Sie
–   (Rockmusikfestival) plötzlich von einer Gegenveranstaltung mit anderen Musikern im Nachbarort erfahren würden?"
–   (Kanutour) überraschend von einem neuentwickelten Bootstyp erfahren würden, der für Ihre Tour wie geschaffen scheint, jedoch noch unerprobt und ziemlich teuer ist?"

Schritt 4
10b als Hausaufgabe (mit oder ohne 10a).

Bildbeschreibung

18 *Info:* Schäfer (Dümmersee in Norddeutschland, 1985); Studentin am Fahrradständer (Münster, die „radfahrerfreundliche" Universitätsstadt, 1985).

Redemittel

20 – 21 Wenn Sie im Kapitel 4 die Redemittel zum Telefonieren und jetzt die „Termine" bearbeitet haben, bietet sich folgende Übungssequenz (entwickelt von Zsuzsa Marlok) an. Hier wird die Anwendung der neuen Strukturen sehr rigide gefordert, denn die meisten TN dieser Lernstufen sprechen die Fremdsprache zwar fließend, nehmen jedoch nur zögernd neues lexikalisches Material in ihren Sprachgebrauch auf.

Schritt 1

Kopieren oder schreiben Sie die folgenden Situationsbeschreibungen auf Zettel und verteilen Sie diese an Paare (1A / 1B, 2A / 2B und 3A / 3B) zur Vorbereitung. Die fett gedruckten Redemittel müssen im Dialog verwendet werden – das ist das Übungsziel.

Schritt 2

Zwei Stühle in der Mitte des Raums (gegebenenfalls als Telefonsituation, Rücken an Rücken): Die Situationen werden vor dem Plenum durchgespielt.

Bitten Sie die übrigen TN die Rolle der Beobachter zu übernehmen. Deibei sollen Sie besonders auf zwei Aspekte achten: 1. auf die korrekte Anwendung der Redemittel und 2. auf das Kommunikationsverhalten.

Schritt 3

Neue Situationen für jedes Paar, mit dem Partner durchspielen, keine Beobachter.

Situation 1

A

Sie sind Herr Wiegand. Sie haben am Dienstag, dem 23. 2., um 14 Uhr mit Herrn Mayer **einen wichtigen Termin**. Dienstag morgen erfahren Sie aber, dass um 14 Uhr eine wichtige Besprechung in Ihrer Firma stattfindet. Rufen Sie Herrn Mayer an (es ist Dienstag vormittag) und entschuldigen Sie sich, dass Sie so **kurzfristig absagen** müssen, aber etwas ist bei Ihnen dazwischengekommen. Versuchen Sie einen anderen Termin mit ihm zu **vereinbaren**.

B

Sie sind Herr Mayer und **haben** am Dienstag, dem 23. 2. um 14 Uhr **einen Termin** mit Herrn Wiegand. Es ist Dienstag vormittag. Da bekommen Sie einen Anruf. Diese Woche verreisen Sie dienstlich nach Hannover, aber nächste Woche sind Sie wieder da. Weisen Sie darauf hin, dass Sie **den Termin** in Ihrem Kalender **gestrichen** und den neuen **eingetragen** haben.

Situation 2

A

Sie sind Frau Krüger. Sie rufen Ihren Geschäftspartner an um einen Termin zu **überprüfen**. Als Sie den **vereinbart** haben, haben Sie vergessen ihn in Ihren **Terminkalender einzutragen**, daher sind Sie nicht sicher, ob Sie sich am 24. 5. um 10 oder um 11 Uhr treffen. Um 11 Uhr passt es Ihnen nicht. Fragen Sie Ihren Geschäftspartner, ob **es ihm etwas ausmachen würde**, wenn Sie sich **statt** am 24. am 26. 5. treffen würden. Entschuldigen Sie sich für die Unannehmlichkeit, die Sie verursacht haben, und weisen Sie darauf hin, dass es ganz bestimmt **bei diesem Termin bleibt**.

B

Sie sind Herr Müller, der Geschäftspartner von Frau Krüger. Sie bekommen einen Anruf von ihr. Sie wissen nicht genau, wann Ihr Termin ist, deshalb **holen** Sie Ihren Terminkalender und sehen nach. Ihr Termin ist am 24. 5. um 11 Uhr. **Vereinbaren** Sie für den 26. einen neuen Termin!

Situation 3

A

Sie sind Herr Hoffmann. Sie haben einen Termin mit Ihrem Chef am 12. 8. Es ist aber eine private Angelegenheit dazwischengekommen und Sie rufen Ihren Chef an um ihn zu fragen, ob **es ihm recht wäre**, den Termin auf den 13. 8. zu **verlegen**. Bitten Sie um einen Rückruf um den neuen Termin zu **bestätigen**.

B

Sie sind die Chefsekretärin. Ihr Chef ist gerade nicht da, aber man kann bei Ihnen für ihn einen Nachricht hinterlassen. Sie notieren alles in den **Terminkalender** ihres Chefs, **streichen** den alten Termin und versprechen, Herrn Hoffmann zu benachrichtigen, ob es Ihrem Chef passt.

Lehr- und Übungsbuch der deutschen Grammatik, neu:
§ 31 I, II Vergleichssätze, § 40 Komparation der Adjektive
Übungsgrammatik DaF für Fortgeschrittene: § 13 Adverbialsätze:
(4) 1. Komparativsätze, (5) Modalsätze

6 Im öffentlichen Raum

Kapitelübersicht

1–3 Leseverstehen	selektives Lesen („Wimmeltexte")	*14 Kurzporträts*
4–5 Redemittel	Engagement	
6 Schreiben	Stellungnahme	*Das soziale Pflichtjahr*
7–9 Wortschatz	Wortfeld reden	
10–21 Leseverstehen	kursorisches und totales Lesen	*„Das Geheimnis des Erfolges ist der Fleiß"*
22–32 Redemittel	Entscheidungen	
33 Sprechen	Fallbeispiel / Simulation	*Die Umgehungs- straße von S.*
34–36 Leseverstehen	literarische Texte	*J. Becker: Konferenz / Geschäftsbesuch*
37 Bildbeschreibung		*amnesty international / Zivildienst- leistender*

Planungsvariante 1
Redemittel **4, 5, 6** ♦ Lesen **1–3** ♦ Wortschatz **7–9** ♦ Lesen **10–21** ♦
Redemittel **22–32** ♦ Sprechen **33*** ♦ Lesen **34–36** ♦ Bild **37**

Planungsvariante 2
Redemittel **4–5** ◆ Bild **37** ◆ Wortschatz **7–9** ◆ Lesen **1–3** ◆
Redemittel **22–32** ◆ Sprechen **33** ◆ Lesen **10–21** ◆ Lesen **34–35**

Hinweise zu den Aufgaben

In diesem Kapitel wird das Themenfeld „Öffentlichkeit / Politik"
in drei Bereichen behandelt: Lexikalisch unterstützt wird einerseits
der Bereich *institutionalisierte Demokratie* (Wahlen, Parlamente
u. a. m.), andererseits wird die Arbeit der *Nichtregierungsorganisa-
tionen* (Bürgerengagement u. a. m.) sowie das allgegenwärtige
Phänomen der *Bürokratie* angesprochen.

Mitunter haben TN wenig Interesse an politischen Themen oder
es ist nicht angebracht, politische, gar tagespolitisch brennende
Diskussionen in den Fremdsprachenunterricht zu tragen. Gleichzeitig kann – z. B. aus Gründen der Wortschatzauswahl – auf diese
Thematik insgesamt nicht verzichtet werden. Bewährt haben sich
Beispiele für öffentliches Handeln in Form von *personality stories*,
in denen Menschen konkret und vorstellbar dargestellt werden;
solchen Menschen begegnen Sie in den Texten dieses Kapitels.

Leseverstehen

1–3 Die 14 Kurzporträts lassen sich als „Wimmeltexte" ansehen, in
denen zahlreiche Informationen miteinander um die Aufmerksamkeit des Lesers konkurrieren; dieser Aufgabentyp findet sich in der
ZMP, Leseverstehen Teil 1.

Sprechen

33 Die Arbeit an den Redemitteln *Entscheidungen* können Sie auch
mit der folgenden Aufgabe verbinden: Gründung von Parteien –
Erstellung eines Parteiprogramms – Anfertigung eines Wahlplakats /
einer Wahlrede – Wahlkampf

Schritt 1
Bilden Sie Gruppen. Jede Gruppe soll eine Partei gründen, die keine
„politischen" Ziele im üblichen Verständnis verfolgt, sondern nur
bestimmte Interessen: Partei der Touristen, Partei der Schmetter-
lingsfänger, Partei der Vegetarier, Partei der LKW-Fahrer, Partei der
Unpolitischen usw. Die TN haben in der Regel sehr viel Fantasie.

Die erste Aufgabe besteht darin, das Programm der neuen Partei zu formulieren. Es ist angebracht, im Unterricht dafür Gedanken zu sammeln und als Hausaufgabe die Formulierung auszuführen.

Schritt 2

Die „Parteigruppen" vergleichen die zu Hause geschriebenen Programme und stellen auf deren Grundlage ein Wahlplakat her. Dazu wird eine Wahlrede formuliert, die viele der gelernten Redemittel enthalten soll. Jeder TN notiert die Wahlrede.

Schritt 3

Bilden Sie Mischgruppen (vgl. **Box** *Auswertung der Ergebnisse von Arbeitsgruppen*). Hängen Sie die Wahlplakate in den vier Ecken des Klassenzimmers auf. Jede Gruppe wandert von Plakat zu Plakat. Derjenige, der zur Partei gehört, die das Plakat angefertigt hat, hält seine Wahlrede.

Machen Sie die TN darauf aufmerksam, dass es um das Üben und Anwenden des Wortschatzes und der Redemittel geht, wobei natürlich auch Intonation sowie Mimik und Gestik bei dieser Simulation eine große Rolle spielen.

Bildbeschreibung

37 *Info:* Zivildienstleistender (umgangssprachlich „Zivi"): In der Bundesrepublik Deutschland sind junge Männer ab 18 Jahren wehrpflichtig, d. h. zum Dienst in der Bundeswehr verpflichtet. Das Grundgesetz (Artikel 12a) garantiert jedoch dem Einzelnen eine freie Gewissensentscheidung, ob er den Dienst mit der Waffe antreten will. Wird man als Wehrdienstverweigerer (diese sprechen selbst indes von „Kriegsdienstverweigerung") anerkannt, muss man „Zivildienst" leisten in einem sozialen Bereich: Krankenpflege, Altenpflege, Behindertenarbeit, Umweltschutz u. v. m. – Menschenrechtsaktivisten: Die Kerze im Stacheldraht ist das Signet der Menschenrechtsorganisation *amnesty international (ai)*, die 1977 den Friedensnobelpreis erhielt; aufgenommen sind Mitarbeiter der Londoner Zentrale (1989). Gegründet 1961, kümmert sich diese Organisation u. a. um „Gewissensgefangene" (die verfolgt werden aufgrund ihrer politischen, religiösen oder anderer Überzeugungen, aufgrund ihrer Hautfarbe, ethnischen Herkunft, Sprache oder ihres Geschlechts und die Gewalt weder angewendet noch befürwortet haben) und führt Kampagnen gegen die Folter sowie gegen die Todesstrafe durch.

Hörfelder: Hörfelder 16
Lehr- und Übungsbuch der deutschen Grammatik, neu:
§ 14 Rektion der Verben (Wiederholung)

7 Der Schokolade widerstehen

Kapitelübersicht

1
Wortschatz   Ernährung,
                            Gesundheit, Sport
2 – 8
Redemittel   Meinungspingpong II
9 – 11
Leseverstehen   Interview   *Warum können wir*
                                               der Schokolade
                                               nicht widerstehen,
                                               Herr Pollmer?

12 – 13
Redemittel   Schaubild   *Oma kochte anders*
14
Sprechen   Kurzvortrag
15
Bildbeschreibung
16
Schreiben   persönlicher Brief *Mitesszentrale*

Planungsvariante 1
Wortschatz **1** ♦ Redemittel **2–8** ♦ Lesen **9–11** ♦ Redemittel **12–13** ♦
Sprechen **14** ♦ Bild **15** ♦ Schreiben **16**

Planungsvariante 2
Wortschatz **1** ♦ Redemittel **12–13** ♦ Sprechen **14** ♦ Redemittel **2** ♦
Lesen **9–11** ♦ Bild **15** ♦ Schreiben **16**

Hinweise zu den Aufgaben

Einstieg
Verteilen Sie unter den TN Schokolade. Lassen Sie ihnen von entspannender Musik begleitet ein wenig Zeit zum Genuss dieses kleinen Freudenspenders.

Bitten Sie Ihre TN dann drei Schlüsselwörter zum Thema Schokolade zu notieren.

Partner oder Kleingruppen mögen sich dann austauschen. Sehr schnell wird klar, welche Leseerwartungen die Gruppe dem Text entgegenbringen wird.

Redemittel

2–8 Sie können wieder einmal, da ja die Methode des Meinungspingpongs den TN bekannt ist, die Diskussion im Plenum dadurch erschweren, dass die TN nicht sagen können, was sie sagen wollen, sondern dass Sie ihnen bestimmte Rollen einfach zuordnen. Dabei gilt die Regel: Jeder bedient sich der Wendungen, die ihm am wenigsten vertraut sind (siehe 4).

Schritt 1
Begriffe 1–6 den Punkten a–f laut Buch zuordnen.

Schritt 2
Sie schreiben von den Thesen in 5 und 6 einige auf Zettel und geben sie jeweils einem TN.

Schritt 3
Sie schreiben die einzelnen Möglichkeiten der Diskussionsbeiträge (zustimmen, ablehnen usw.) ungeordnet auf einen großen Bogen Papier, den Sie an die Wand hängen (eventuell auf Folie / OHP).

Schritt 4
Nun fängt die Diskussion an: Der TN mit dem Zettel in der Hand gibt den ersten Impuls. Den weiteren Ablauf der Diskussion bestimmen Sie, indem Sie abwechselnd mal zustimmen, mal ablehnen, mal ausweichen oder bekräftigen lassen. Immer wieder sollte jemand aufgefordert werden, einen Kompromissvorschlag einzubringen, der aber öfter abgelehnt werden kann.

Interessanter wird die Diskussion, wenn Sie auch Gefühlselemente einbauen. Ablehnung kann ja sanft, aber auch etwas härter sein.

Es macht auch viel Spaß, wenn es einen „Unterbrecher" gibt. Der weiß also, wenn Sie auf ihn zeigen, dann hat er sich abrupt einzumischen. Nun soll derjenige, der gerade unterbrochen wurde, sein Rederecht verteidigen.

Leseverstehen

9–11 Natürlich finden Ihre TN nicht wenige „unbekannte" Wörter in einem solchen Text. Wenn Sie – nach den Aufgaben 9 und 10, bei denen es auf das Navigieren in „unbekannten" Wörtergewässern ankommt – darauf eingehen wollen, so könnten Sie folgendes probieren:

Die TN setzen sich in max. vier Gruppen zusammen. Jede Gruppe bekommt ein weißes Blatt Papier (in der rechten oberen Ecke mit A, B, C bzw. D markiert), auf das sie die Wörter aufschreiben sollen, die für alle in der Kleingruppe unbekannt sind, die sie beim Verstehen hindern und deren Bedeutung sie gern wissen möchten. Nun wandert das Papier A zur Gruppe B, das Papier B zur Gruppe C usw. Die Liste wird durchgegangen und die einzelnen Gruppen schreiben nun neben die Wörter, die sie erklären können, die kontextuell adäquate muttersprachliche Entsprechung. Dabei ist es Ihre Aufgabe, bei Fehlinterpretationen einzugreifen. Der Vorgang wird viermal wiederholt, bis jede Gruppe ihr eigenes Papier zurückbekommt. Nun können die TN sehen, was sie von den anderen alles lernen können. Die wenigen übrig gebliebenen ungeklärten Wörter können gemeinsam geklärt werden.

Redemittel

13b Das Vergleichen – was ist identisch / ähnlich / unterschiedlich / gegensätzlich? – ist immer eine interessante Aktivität, insbesondere wenn es aus unterschiedlichen Blickwinkeln erfolgt. Wie haben sich *unsere eigenen* Verhaltensweisen verändert? Wie unterschiedlich werden Entwicklungstendenzen im eigenen Land wahrgenommen? Gelingt es, in Kleingruppen diese Veränderungen mit Hilfe von Diagrammen oder Symbolen und sonstigen fantasievollen Mitteln darzustellen, so wird die Gruppe sicher viel Spaß an der Aufgabe haben.

Sprechen

14 Die Sprechaufgabe wird noch interessanter, wenn Sie die vortragenden TN zuvor um eine Mindmap bitten (Aufgabe 14 b) – beim Vortrag werden jedoch diese Mindmaps nicht gezeigt. Dafür werden die Zuhörer aufgefordert, zu versuchen, aufgrund des Gehörten ihre Notizen in Mindmap-Form festzuhalten. Ein anschließender Vergleich und die Analyse eventueller Unsicherheiten oder Abweichungen kann für alle TN lehrreich sein.

Bildbeschreibung

15 *Info:* Imbissbude, 1994; Konditorei (Pau / Frankreich, 1982).

Schreiben

16 Diese Schreibaufgabe lässt sich auch sehr gut als Gruppenarbeit durchführen. Statten Sie maximal vier Kleingruppen mit Folie und Folienstift aus. Nun beginnt die Arbeit: Zunächst mit der Sammlung von Inhaltspunkten, dann mit der Formulierung und zum Schluss der Überarbeitung. Die letzte Variante kommt dann auf die Folie. Es macht viel Spaß, die Gruppenergebnisse gemeinsam zu lesen, Fragen zu stellen, Kommentare abzugeben usw. Und Sie haben die Chance, schwerpunktmäßig einige Fehler für alle TN nachvollziehbar zu korrigieren.

Lehr- und Übungsbuch der deutschen Grammatik, neu:
§ 16 II 4. Gruppe (Subjektsätze)
Übungsgrammatik DaF für Fortgeschrittene: § 12 II Subjektsätze;
§ 19 Weitere Negationsmöglichkeiten

8 Gordische Knoten

Kapitelübersicht

1
Leseverstehen   Instruktionen   *Goofie;*
                                                  Gordischer Knoten

2–4
Wortschatz   Konflikte   *Konflikte*
5–8
Leseverstehen   Fachtext   *Mediation: Wenn*
                                                  zwei sich streiten

9
Bildbeschreibung   *Kombattantin;*
                                                  Sitzblockade

10–14
Redemittel   Gesprächssteuerung
15
Sprechen   Kooperationsaufgabe   *Flugzeug-*
                                                  entführung

16–18
Redemittel   Missverständnisse
19
Schreiben   Vorschlag   *Das Biergarten-*
                                                  problem

Planungvariante 1
Lesen / HA **1** ◆ Wortschatz **2–4** ◆ Lesen **5–8** ◆ Bilder **9** ◆
Redemittel **10–14** ◆ Sprechen **16–18** ◆ Redemittel / HA **15** ◆
Schreiben **19**

Planungsvariante 2
Bilder **9** ◆ Lesen **5–8** ◆ Sprechen **15** ◆ Lesen / HA **1** ◆ Redemittel
16–18 ◆ Wortschatz **2–4** ◆ Redemittel **10–14**

Hinweise zu den Aufgaben

Bildbeschreibung

9   *Info:* Tschetschenische Kombattantin (Photo von der Titelseite der Süddeutschen Zeitung Nr.11 / 1995); Sitzblockade (Münster 1983, studentische Demonstration für Abrüstung)

Redemittel

10–14   Die Übungen sollten als Hausaufgabe vorbereitet und im Kurs nur verglichen werden.

Übungen im Unterricht 1
Im Unterricht kann ein erstes gesteuertes Training durch große Karten gelenkt werden. Schreiben Sie dazu die Rubrik-Überschriften aus Aufgabe 10 (z. B. „ein Gespräch eröffnen") mit Filzstift auf A4-Blätter. Sie zeigen nun diese Blätter in wechselnder Reihenfolge, wobei die TN passende Redemittel-Beispiele nennen; das kann in der Großgruppe geschehen, macht aber auch in Kleingruppen viel Spaß. Verabreden Sie, dass die TN in einer bestimmten Reihenfolge mit ihrem Beispiel an der Reihe sind. Man kann der Übung auch Wettbewerbscharakter geben, wenn in einer bestimmten Zeit (30 Sekunden) von einer Mannschaft so viele Redemittel wie möglich genannt werden müssen. Sie sollten bei solchen Spielen immer die schon sehr gebräuchlichen Redemittel ausschließen, um wirklich das Neue zu üben.

Übungen im Unterricht 2
Wenn Sie es für wichtig halten, das Einprägen der Redemittel durch Schreiben zu fördern, so können Sie jede Rubrik-Überschrift auf ein A4-Blatt schreiben. Bitten Sie die TN, sich die Redemittel eine Minute lang noch einmal durchzulesen. Nach dem Schließen der Bücher wandern die Blätter von TN zu TN und jeder versucht eine Redemittelstruktur aufzuschreiben. Das ist am Anfang sehr leicht und wird dann immer schwieriger. Da jeder aber alle Blätter liest und sein Gedächtnis aktivieren muss, ist dies eine intensive Beschäftigung mit neuen lexikalischen Strukturen.

Sprechen

15   Eine Gruppe verfügt über alle Informationen zur Lösung eines Problems. Diese Informationen müssen jedoch zusammengetragen

werden – einerseits eine Sprechaktivität („Wie gehen wir vor?"),
andererseits eine Übung in Kooperation, da alle einbezogen werden
müssen. Die einzelnen Informationen sind für sich genommen
wertlos; nur in der Kombination mit den Informationen anderer
Mitspieler kommt man per Restmengenbildung zur Aussonderung
der verdächtigen, nämlich motivlosen Person: Annie Murkel (aus
naheliegenden Gründen steht diese Lösung nicht im Schlüssel am
Lehrbuchende).

Schritt 1

Ihre TN verlassen den Tisch, an dem sie schreiben, und setzen
sich in einen Halbkreis oder in eine andere Ecke des Raumes.
Kündigen Sie die „Flugzeugentführung" und die kriminalistische
Aufgabe „Wer war's?" an. Geben Sie jedem Teilnehmer eine Infor-
mationskarte (Buchseite kopieren und zerschneiden); diese soll
dem Nachbarn *nicht* gezeigt werden.

Schritt 2

„Sie haben alle Informationen, die Sie benötigen. Tragen Sie Ihre
Informationen zusammen, finden Sie die verdächtige Person. Ihr
Zeitlimit: … Minuten." – Damit ist die Gruppe an der Reihe. Sie
muss nun ihren Informationsaustausch selbst organisieren. Man
kann sich z. B. gegenseitig die Karten vorlesen, was zu erwünschten
Rückfragen, Vergewisserungen u. a. m. führen wird. Die Informationen müssen irgendwie gesammelt, übersichtlich gemacht werden
(z. B. in einer Tabelle an der Tafel). Ihre Rolle als Lehrperson besteht
darin, diesen Prozess auf den Weg zu bringen, durch Impulse gegebenenfalls zu steuern und zu fördern. Beachten Sie insbesondere,
– dass man mit der *ganzen* Gruppe arbeitet (es gibt 17 Informa-
   tionskarten, geben Sie bei kleineren Gruppen einzelnen TN
   2 – 3 Karten, bei größeren geben Sie *zwei* Personen **eine** Karte);
– dass man auf keinen Fall alle Karten an eine Person oder an
   eine Kleingruppe ausgeben darf; dann entsteht eine andere Aufgabe, nämlich die stille Rekonstrukion eines Puzzles – und es
   soll doch *gesprochen* werden.

Schritt 3

Wenn der Prozess in Gang gekommen ist, teilen Sie einige Redemittel zur Gesprächssteuerung auf Karten aus. Ein TN darf seine
Karte wieder abgegeben, wenn er „seine" Struktur in der Diskussion
adäquat verwendet hat. Stellen Sie diese zusätzliche Aufgabe erst
dann, wenn die erste Aufgabe allen klar geworden ist.

Schritt 4

Es empfiehlt sich bei Aktivitäten dieser Art, stets eine kleine Nachbesprechung durchzuführen: Wie war's? Was hat (nicht) funktioniert? Wer kennt vergleichbare Situationen? usw.

Zweifellos brauchen Sie für die Aufgabe ein bisschen Geduld und Zurückhaltung: Die Gruppe soll es alleine schaffen. Zeitbedarf: es kann 45 Minuten dauern.

Die Lösung Anne Murkel wird nicht von jeder Gruppe gefunden. Die Geduld und das Interesse der verschiedenen Gruppen ist unterschiedlich. Möchte die Gruppe nach einer Zeit aufgeben, ist das zu thematisieren und zu begründen. Eine authentischere Situation kann man sich als Kursleiter kaum wünschen.

Hörfelder: Hörtext 10
Lehr- und Übungsbuch der deutschen Grammatik, neu:
§ 11 Imperativ; § 7 Anmerkung 2; § Anmerkung 3;
§ 10 Anmerkung 3; § 56 III Imperativ in der indirekten Rede
Übungsgrammatik DaF für Fortgeschrittene: § 7 Konjunktiv II:
Aufforderungen und Wünsche

9 Durch die Programme

Kapitelübersicht

1–4
Wortschatz   Medien
5–8
Redemittel   Wiederholung:
                    Meinungspingpong

9–10
Sprechen   *Kurzvortrag;*
                                        Redaktions-
                                        konferenz

11–16
Leseverstehen   Filmkritiken   *Das Versprechen*
17
Redemittel   Beurteilung
18–19
Schreiben   persönlicher Brief *Einladung zum*
                    Darstellung   *Film / Mein Film*

Planungsvariante 1
Wortschatz / HA **1, 3, 4, 5** ◆ Sprechen I / II **5b – 8** ◆ Sprechen **9 – 10** ◆
Lesen **11 – 16** ◆ Redemittel **17** ◆ Schreiben **18 – 19**

Planungsvariante 2
Wortschatz / HA **1, 3, 4** ◆ Sprechen **9** ◆ Sprechen **10** ◆ Lesen **11 – 16** ◆
Redemittel **17** ◆ Schreiben **18 – 19**

Hinweise zu den Aufgaben

Wortschatz

1–4   Zumindest ein Teil dieser Aufgaben sollte in die Hausarbeit verlegt
werden. Als Wiederholungsmodus während des Unterrichts bietet
sich u. a. folgendes Verfahren an:
a) Bilden sie Viergruppen, die auf einem großen Papier neuen
Themenwortschatz aus der Hausaufgabe zusammmenstellen –
und zwar jene 7–10 Wörter (mehr nicht), die von *allen* gelernt
werden sollen.
b) Die entstandenen Wortlisten werden nicht identisch sein,
da jede Gruppe vermutlich andere Kriterien der Wortschatzauswahl anlegt – ein erwünschter Effekt. Die Listen werden ausgehängt, kurz im Plenum semantisiert, eingegrenzt und
c) von allen in die Wörterhefte übertragen. Auf diese Weise ist der
gesamte Themenwortschatz nochmals gesichtet worden, wobei
alle Items hinsichtlich ihrer Lernrelevanz zur Diskussion standen: ein Beispiel für die im Unterricht gesteuerte „Umwälzung"
von Wortschatz.

Redemittel

5–8   Typisch für den Lerner am Ende der Mittelstufe sollte die aktive
Beherrschung von Redemitteln zur sprachlichen Gestaltung von
Diskussionen sein. Die ZMP prüft diese Kompetenz in der mündlichen Prüfung (dort Teil 2). In der Praxis zeigt sich, dass die TN
oft Hemmungen haben die von ihnen erlernten Redemittel aktiv an-
zuwenden oder sich nur auf sehr wenige, bereits in der Grundstufe
erworbene beschränken. Darum müssen wir in unserem Unterricht
immer wieder Situationen schaffen, die dies fordern. Sprechen Sie
mit den TN auch über die kommunikative Bedeutung von Redemitteln.

Schritt 1
Hausaufgabe: Wiederholung der Redemittel zum „Meinungspingpong II" (Leselandschaft 2, Kapitel 7); dazu Aufgabe 5 a.

Schritt 2
Beginnen Sie den Unterricht mit einer Blitzwiederholung der Redemittel. Um wirklich Lernzuwachs zu erreichen, sollten Sie zuvor
sehr geläufige Redemittel („*Ich meine, meiner Meinung nach ...*")
tabuisieren. Die TN stehen im Kreis: Legen Sie die Folie mit der
„Pingponggraphik" (Leselandschaft 2, Kapitel 7, Aufgabe 2) auf oder
skizzieren Sie die Graphik an der Tafel und halten Sie einen Gegen-

stand zum Werfen bereit. Geübt werden nun jeweils die Rubriken der Graphik (*zustimmen / ausweichen ...*) und jeweils ein Beispiel dazu:

TN1: Nennt eine Rubrik, z. B. „*zustimmen*" und wirft den Gegenstand weiter.

TN2: Nennt ein Formulierungsbeispiel dazu, z. B. „*Das ist doch unbestritten,*" nennt eine Rubrik, z. B. „*ausweichen*" und wirft den Gegenstand weiter

TN3: „*Ja, vielleicht ...*" usw.

Schritt 3

Viergruppen: Man wählt drei Thesen aus Aufgabe 5 zur Diskussion. Die Gruppen sollen ferner einen „Sprachbeobachter (und gegebenenfalls Fehlerdetektiv)" benennen, der während der Diskussion der anderen die Anwendung der Redemittel protokolliert: Er kann auf der Pingponggraphik eine Strichliste führen oder die Redemittel mitschreiben.

Schritt 4

Die „Sprachbeobachter" teilen den Gruppenmitgliedern ihre Beobachtungen gegebenenfalls auch ihre Hinweise als „Fehlerdetektive" mit und melden an die Gruppe zurück, ob man in einer echten Diskussion „redemittelfit" ist. Die Kontroll- und Beratungsfunktion der Lehrperson ist damit teilweise in die Verantwortung der TN abgegeben.

Hörfelder: Hörtext 15; Hörtext 22
Lehr- und Übungsbuch der deutschen Grammatik, neu:
§ I, II, III Demonstrativpronomen; § 35 I Relativpronomen
Übungsgrammatik DaF für Fortgeschrittene: § 18 I Wortarten
(Demonstrativpronomen, Relativpronomen)

10 Wir lieben den Stau

Kapitelübersicht

1
Wortschatz   Fortbewegungsmittel
2–3
Leseverstehen   *Klaus Weise: Wir*
                                                     lieben den Stau

4–7
Wortschatz   *Harald Ries: Ein*
                                                     Zukunftsmodell für
                                                     den Verkehr

8
Bildbeschreibung   Straßenbild
9–14
Redemittel   Vereinbaren
15
Schreiben   formeller Brief I
                          Stellungnahme

16
Leseverstehen   totales Lesen   *R. Kunze:*
                          (Gedicht)   *Orientierung in*
                                                    Marseille

Planungsvariante 1
Wortschatz **1** als HA ◆ Wortschatz **4–6** ◆ Lesen **2–3** ◆ Wortschatz **7** ◆
Redemittel **9** ◆ Schreiben **15**

Hinweise zu den Aufgaben

Wortschatz

4 – 6 *Schritt 1*

Aufgaben 4a und 5a als Partnerarbeit und 4b und 5b als Hausaufgabe. Wenn Sie die b-Aufgaben im Unterricht bearbeiten lassen, können Sie die Klasse teilen und jede Gruppe löst nur eine der Aufgaben (4b oder 5b); Auswertung dann: Paare aus den Gruppen lesen sich ihre Texte vor.

Schritt 2

Aufgabe 6: Teilen Sie jedem TN einen Buchstaben 6a – q zu, jeder Buchstabe bedeutet ein Wort, dem man „auf der Spur" sein wird. Der TN schreibt das Wort leserlich mit Filzstift auf ein längs geteiltes DIN-A4-Blatt. Danach notieren die TN mit Hilfe eines einsprachigen Wörterbuches und gegebenenfalls mit Ihrer Hilfe auf ein anderes geteiltes DIN-A4-Blatt – leserlich! – eine Worterklärung. (Wenn Sie mit einer sehr großen Gruppe arbeiten, können die Nomen aus Aufgabe 5 dazugenommen werden.)

Schritt 3

Die TN befestigen nacheinander die Nomen an der Tafel (Magnete) und geben die Erklärung (die können darunter befestigt werden). Nachfragen der Gruppe sind erwünscht.

Wenn Sie auf Papier schreiben lassen statt direkt an die Tafel, kann in den nächsten Stunden wieder mit dem Material in anderer Form gearbeitet werden (siehe **Box** *Wortschatz*). Als HA sollen die neuen Wörter in das Vokabelheft / in die Wörterkartei ... eingetragen werden.

Schritt 4

Folgestunde: Heften Sie – vor der Stunde – die Worterklärungen von Aufgabe 6 an die Tafel. Jeder TN muss in Einzelarbeit die entsprechenden Wörter notieren.

Schritt 5

Jeder TN muss in kurzer Zeit einen Minivortrag zu einem Begriff, den er in der vorherigen Stunde nicht bearbeitet hat, vorbereiten und einem Partner vortragen.

Hörfelder: Hörtext 18
Lehr- und Übungsbuch der deutschen Grammatik, neu:
§ 42 Adverbien (Wiederholung); § 43 Adverbien mit Dativ und Akkusativ; § 44 Adverbien mit Präpositionen
Übungsgrammatik DaF für Fortgeschrittene: § 18 I 1. Wortarten (Adverbien), 3. Attribut als Teil eines Satzgliedes (Adverbien)

11 Auf dem Markt

Kapitelübersicht

1
Sprechen
2
Wortschatz
3–5
Leseverstehen   *10 Megatrends,*
                                 die den Konsum
                                 regieren

6–8
Redemittel   Trends
9–14
Leseverstehen   *Gut getauft*
                                 ist halb gewonnen

15
Bildbeschreibung   *(Werbefoto)*
16–20
Wortschatz   Geld
21
Sprechen   Thesendiskussion
22–23
Schreiben   Bestellungen

Planungsvariante 1
Wortschatz / HA **2** ◆ Sprechen **1** ◆ Lesen **3–5** ◆ Redemittel **6–8** ◆
Lesen **9–14** ◆ Bild **15** ◆ Wortschatz **16–20** ◆ Sprechen **21** ◆
Schreiben **22–23**

Planungsvariante 2
Bild **15** ◆ Wortschatz **2** ◆ Sprechen **1** ◆ Lesen **3–5** ◆
Wortschatz **16–20** ◆ Schreiben **22–23** ◆ Redemittel **16–18** ◆
Lesen **9–14** ◆ Sprechen **21**

Hinweise zu den Aufgaben

Themenschwerpunkte des Kapitels: Konsum, Marketing, Trends, Geld, Bestellungen.

Wortschatz

2 Diese Aufgabe eignet sich gut als Vorbereitung auf das Kapitel zu Hause; man sollte sie noch in der Stunde gemeinsam „anspielen". Kapiteleinstieg dann mit Aufgabe 1.

Schreiben

22–23 Mit dieser Schreibaufgabe haben Sie die Möglichkeit, über mehrere Stunden in der Klasse einen Faxwechsel zu simulieren, an dessen Ende jeder TN verschiedene formelle Briefe geschrieben hat. Da jeder TN irgendwann einmal in die Lage kommen kann, solche Briefe zu formulieren, sollten wir dem Üben dieser Textsorte eine nicht zu geringe Aufmerksamkeit beimessen. An der vorliegenden Aufgabe werden Ihre TN viel Spaß haben.

Schritt 1
Erzählen Sie den TN die im Lehrbuch beschriebene Ausgangssituation.

Schritt 2
Die TN entwerfen in Partnerarbeit Faxformulare. Machen Sie dann an der Pinnwand eine „Faxformularausstellung" oder sammeln Sie die Faxformulare ein und teilen Sie sie dann neu aus oder lassen Sie Paare untereinander tauschen. Wichtig für den nächsten Schritt ist, dass jeder ein fremdes Formular vor sich hat.

Schritt 3
Die TN sollen nun die Faxformulare beurteilen: Ist das Formular für viele Adressaten brauchbar? Die Formulare werden mit einem Kommentar versehen an die Eigentümer zurückgegeben. Geben Sie ihren TN ausreichend Zeit die Kommentare zu lesen und einzuarbeiten, eventuell muss auch noch einmal nachgefragt werden. Jeder TN überträgt jetzt sein Faxformular in sein Heft um zu Hause damit weiterarbeiten zu können.

Schritt 4
In Einzelarbeit werden jetzt Notizzettel angefertigt (Aufgabe 23: Planen b). Vergleichen Sie im Plenum diese Notizen.

Schritt 5
Formulieren: als Hausaufgabe auf das gemeinsam entworfene
Faxformular. Stehen Ihre TN mit den Hausaufgaben auf Kriegsfuß?
Dann machen Sie diesen Schritt natürlich auch im Unterricht
(Einzelarbeit).

Schritt 6
Folgestunde: Sammeln Sie die geschriebenen Faxe ein und bitten
Sie die TN sich vorzustellen, dass sie in einer Buchhandlung arbeiten und den Auftrag haben, das eben eingegangene Fax zu bearbeiten.

Schritt 7
Teilen Sie die Faxe aus und lassen Sie sie beantworten. Falls das
Ausgangsfax Unklarheiten enthält, sollte das in der Antwort mitge-
teilt werden.

Schritt 8
Die Antworten werden den Empfängern zugestellt, eventuelle
sprachliche Probleme im Plenum besprochen.

Schritt 9
Folgestunde: Teilen Sie die Lernergruppe in zwei Gruppen. Gruppe
A wird die Aufgabe „Reklamieren", Gruppe B „Ende gut, alles gut"
bearbeiten. Innerhalb der Gruppen können die einzelnen Faxe in
Partnerarbeit entstehen.

Schritt 10
Lassen Sie die beiden Gruppen die Faxe tauschen und als Hausaufgabe eine Antwort schreiben.

Hörfelder: Hörtext 14
Lehr- und Übungsbuch der deutschen Grammatik, neu:
§ 10 Reflexive Verben (Wiederholung)
Übungsgrammatik DaF für Fortgeschrittene: § 1.3 Perfekt der
eflexiven Verben, reflexives Verb der Fortbewegung

12 Eine Idee von der Welt

Kapitelübersicht

1–4
Leseverstehen   Textfragment   *(Musik)*
5–9
Redemittel   Ideen
10
Bildbeschreibung   Christo:
                     Wrapped Reichstag

11–14
Leseverstehen   W. Wenders: Highway
                     durch Moskau
15
Schreiben   Mein Bild
16
Redemittel   Begrüßung und Abschied

Planugsvariante 1
Lesen **1–4** ◆ Redemittel **5–9** ◆ Bild **10** ◆ Lesen **11–14** ◆
Schreiben **15** ◆ Redemittel **16**

Planungsvariante 2
Redemittel **8–9** ◆ Bild **10** ◆ Redemittel **5–7** ◆ Lesen **11–14** ◆
Schreiben **15** ◆ Lesen **3–4–1–2** ◆ Redemittel **16**

Hinweise zu den Aufgaben

Einstieg

a) Geben Sie Ihren TN deutschsprachige Veranstaltungskalender – falls ihnen welche zur Verfügung stehen – in die Hand, und geben Sie Ihren TN die Aufgabe, ein Kulturprogramm für einen zweiwöchigen Aufenthalt in einer deutschen Stadt zusammenzustellen.

Es besteht natürlich auch die Möglichkeit, mit muttersprachlichen Programmheften zu arbeiten, indem Kulturprogramme für Besucher im eigenen Land ausgewählt werden.

Die TN arbeiten in Gruppen. Bitten Sie sie die Ergebnisse für alle TN anschaulich zu gestalten.

Beim anschließenden Gespräch sollen dann Entscheidungskriterien aufgelistet und Vermutungen über die künstlerische Qualität der vorgeschlagenen Programmpunkte angestellt werden.

Das Gespräch kann mit einer Formulierungsrunde schließen, in der jeder versucht in einem einzigen Satz zuammenzufassen, was für ihn Kunst bedeutet. Nach einer Bedenkzeit von einigen Minuten und Formulierungsversuchen im Heft wird das wohl möglich sein.

b) Wählen Sie die hier unter *Leseverstehen 11* beschriebene Variante als Einstieg.

Bildbeschreibung

10   *Info:* Das Foto des Reichstags in der Verhüllung von Christo eignet sich für einen Diskussionseinstieg oder -ausstieg per „Meinungsschlange" (vgl. **Box**: *Sprechen*).

Leseverstehen

11   **oder als Einstieg in das Kapitel**

Sie können hier auch mit einem Zeichendiktat beginnen, indem Sie die TN Deinekas Bild malen lassen. Verteilen Sie den TN 60x80 cm große weiße Blätter und bitten Sie sie, nach Ihren Anweisungen (vgl. Aufgabe 11 a) die Dinge nachzumalen. Kopieren Sie das Bild im Buch auf eine Brennfolie und zeigen Sie es den TN, wenn sie mit ihren Bildern fertig sind. (Nun kann das „Original" mit dem eigenen Bild verglichen werden. Zur Aufgabe gehört es, die Unterschiede zu verbalisieren bzw. zu begründen.)

Leicht lässt sich jetzt die Verbindung zu der Frage llc („Was für eine Stimmung vermittelt das Bild?") herstellen und schon sind Sie mitten in der Bildinterpretation.

Schreiben

15 Vgl. die **Box** *Kunstbild* zu methodischen Vorschlägen der Bild-Arbeit.

Schritt 1
Bitten Sie die TN möglichst nicht allzu bekannte Bilder für die Beschreibung und Deutung zu wählen. Bitten Sie sie weiterhin, möglichst genau zu formulieren, Wörterbücher und Grammatiken in Anspruch zu nehmen, da diesmal eine Überarbeitung mit den Lernpartnern nicht möglich ist. Und zuletzt: Bitten Sie die TN, auch eine entsprechende Musik für ihr Bild auszuwählen und die Kassette zusammen mit dem Text und dem Bild in die nächste Stunde mitzubringen.

Schritt 2
Folgestunde: Ein TN liest seinen Text bei entsprechender Musik vor. Die anderen TN schließen ihre Augen und versuchen sich das Bild vorzustellen. Anschließend wird ihnen das Bild gezeigt. Es ist angeraten, in dieser Phase nicht hinter den Tischen zu sitzen, sondern im Kreis, in einer etwas „intimeren" Atmosphäre.

Redemittel

16 Es kann interessant sein, zum Katalog deutscher Begrüßungs- und Abschiedsformen einen Parallelkatalog mit muttersprachlichen Varianten zu erstellen und dabei mögliche Entsprechungen, Paare aufzustellen. Die Einbettung der Redemittel in Situationen, die dann gespielt werden, kann einen lustigen Abschluss für den Kurs bedeuten und einige Hinweise auf mögliche kommunikative Missverständnisse geben.

Lehr- und Übungsbuch der deutschen Grammatik, neu:
§ 6 Konjugation der Verben (Wiederholung)
Übungsgrammatik DaF für Fortgeschrittene: § 20 Zeitstufen – Zeitformen (Wiederholung)